Roswitha Gruber

Die Großmutter
vom Weiherhof

AF217103

BRUNNEN
Verlag GmbH · Giessen

© Rosenheimer Verlagshaus GmbH & Co. KG,
Rosenheim unter dem Titel
„Das böse Weib vom Weihershof".
Ungekürzte Lizenzausgabe mit freundlicher
Genehmigung des Rosenheimer Verlagshauses.

2. Auflage 2022

2020 Brunnen Verlag GmbH, Gießen
www.brunnen-verlag.de
Umschlagfotos: Shutterstock
Umschlaggestaltung: Daniela Sprenger
Satz: DTP Brunnen
Druck: CPI books GmbH, Deutschland
ISBN 978-3-7655-4367-8

Inhalt

Die Vorgeschichte

Es liegt schon einige Jahre zurück, da bekam ich von einem Mann eine E-Mail. Er habe mich in einem Radio-Interview gehört, wo ich über eines meiner Bücher gesprochen hätte. Dadurch habe er erfahren, dass ich wahre Erlebnisse zu Romanen verarbeite. Das habe ihn auf die Idee gebracht, mir eine Geschichte anzubieten, die außergewöhnlich sei.

Für mich war allein schon die Tatsache ungewöhnlich, dass diese E-Mail von einem Mann stammte. Normalerweise sind es Frauen, die mir ihre Lebensgeschichte präsentieren, damit ich ein Buch daraus mache. Beim Weiterlesen erkannte ich, dass es nicht seine eigene Geschichte war, die er mir anbot, sondern die von Vroni, seiner Frau. Diese habe sich nicht getraut, mir zu schreiben.

Die wenigen Stichwörter, die folgten, genügten, um mich neugierig zu machen. In der Tat schien diese Frau, obwohl sie noch relativ jung war, schon viel durchgemacht zu haben, das es wert war, aufgeschrieben zu werden. Also besuchte ich die Familie bei der nächsten passenden Gelegenheit. Hier erwies sich Vroni als gar nicht mehr so schüchtern. Sie erzählte sehr lebhaft, und ich nahm ihren Bericht auf Tonband auf.

Wie immer hörte ich mir zu Hause alles noch mal in Ruhe an und wie immer notierte ich mir eine Menge Fragen, die beim Abhören auftauchten. Daher machte ich einige Monate später einen zweiten Besuch bei der Familie, um mir diese Fragen beantworten zu lassen. Wieder daheim, kam ich aber nicht gleich dazu, dieses Buch zu schreiben. Es gerieten mir nämlich einige Lebensgeschichten von Frauen dazwischen, die wesentlich älter waren als Vroni. Über diese musste ich zuerst schreiben, denn sie wollten schließlich »ihr Buch« noch erleben. Die Vroni ist noch jung, dachte ich, die kann warten.

Vor einigen Monaten begann ich dann endlich, mich mit der Lebensgeschichte dieser Frau zu befassen, und hörte mir die Tonbänder erneut an. Dabei tauchten weitere Fragen auf, die sich alle per Telefon oder per E-Mail beantworten ließen. Dennoch war ein weiterer Besuch bei meiner »Heldin« notwendig, denn wie ihr Zuhause, ihr Dorf und die Umgebung aussahen, hatte ich nach so langer Zeit nicht mehr recht im Gedächtnis.

An dieser Stelle möchte ich Herrn Günther Gruber herzlich danken, weil er mir die Berichte von seinen Russlandreisen zur Verfügung gestellt hat.

Nun lasse ich Vroni selbst zu Wort kommen und ich denke, Sie werden von ihrem Leben ebenso beeindruckt sein wie ich.

Roswitha Gruber

Unglücksfälle

Noch gut erinnere ich mich an die Zeit, als mein Vater ein fröhlicher, starker Mann war. Wenn er vom Feld nach Hause kam, tollte er mit uns Kindern in der Küche herum, während die Mutter das Mittagsmahl oder das Nachtessen richtete.

Auch erinnere ich mich noch genau an einen Märztag, an dem mein Vater beim Mittagessen zur Mutter sagte: »Leni«, meine Mutter hieß Marlene, »ich fahre heute mit dem Peter 'naus zu unserem Hopfengarten ›In der Leiten‹. Es ist das richtige Wetter, um die Drähte zu spannen.«

Nach dem Essen packte die Mutter Klein-Marlene und mich warm ein, damit wir im Freien spielen konnten. Obwohl die Sonne vom Himmel lachte, war es noch recht kalt. Die beiden Jüngsten, Klein-Gregor war noch nicht ganz drei und Renate war ein Jahr alt, mussten ihren Mittagsschlaf halten, während wir »Großen«, fünfeinhalb und vier Jahre alt, uns in der Spielecke vergnügten, die der Papa für uns im Hof angelegt hatte. Es gab einen geräumigen Sandkasten, eine Schaukel und eine Rutsche.

Bevor der Papa zum Geräteschuppen ging, um

den Schlepper zu holen, hob er erst die Marlene und dann mich hoch und drückte uns ein Busserl auf die Stirn. Als er vom Hof fuhr, winkte er uns zum Abschied freundlich zu und wir winkten ihm fröhlich nach. Wie immer gesellten sich bald einige Nachbarskinder zu uns. Wir tobten ausgelassen herum und kehrten erst ins Haus zurück, als es uns zu kalt wurde. In der Küche trafen wir Gregor und Renate an, die einträchtig auf einer Decke in einer Ecke spielten. Für Notfälle stand auch noch ein Gitterbettchen in der Küche, damit Mama die beiden Kleinen hineinsetzen konnte, wenn sie gar zu lebhaft in der Küche herumsausten.

Dann war auf einmal alles ganz anders. An diesem Abend kehrte nicht der Vater mit unserem Traktor zurück, sondern der Nachbar Peter, der Papa immer wieder half und den wir sehr gerne mochten. Als er in die Küche trat, hängten wir uns übermütig an ihn. Doch er wimmelte uns ab: »Kinder, jetzt nicht. Jetzt hab ich keine Zeit für euch. Ich muss mit eurer Mama sprechen.«

Er bat sie in den Hausgang, während wir Kinder in der Küche blieben. Nach ihrer Rückkehr in die Küche wirkte Mama wie versteinert. Alles, was wir sagten oder fragten, prallte an ihr ab. Sie setzte sich auf die Eckbank, nahm die Renate auf den Schoß und starrte vor sich hin. Als die Kleine der Mutter die Wange tätschelte, liefen ihr auf einmal Tränen aus den Augen. Dadurch schien sich ihre Erstarrung zu lösen. Sie erhob sich und begann ganz mechanisch, das Nachtessen zu richten. Dabei wirkte sie so abwesend, dass wir es gar nicht wagten zu fragen, was los sei und warum der Papa nicht komme. Als sie aufgetragen hatte, rührte sie keinen Bissen an. Deshalb mochte ich auch nichts essen. Doch die beiden Mittleren stopften eifrig Bratkartoffeln in den Mund, während Mama ihr Kleinchen mit Brei fütterte.

Vor lauter Sorge um den Papa – es musste etwas Schreckliches geschehen sein, weil er nicht heimkam und weil Mama so stark weinte – konnte ich lange nicht einschlafen. Dann muss ich doch eine Weile tief und fest geschlafen haben. Gegen Morgen aber plagten mich wirre Träume. Daher war ich beim Aufwachen froh, dass ich nur geträumt hatte. Beim Frühstück – inzwischen hatte ich einen gesunden Hunger und schlang zwei Butterbrote mit Marmelade hinunter – war unsere sonst so gesprächige Mama noch immer sehr ernst und schweigsam.

Sie verließ kurz die Küche und kehrte in ihrem Wintermantel zurück. »Vroni«, wandte sie sich an mich, »du bist ja schon ein großes und vernünftiges Mädchen, du passt bitte auf die Kleinen auf, während ich weg bin.«

»Wo willst du hin, Mama?«

»Ich will den Papa besuchen. Er liegt im Krankenhaus.« Bei diesen Worten wischte sie sich mit dem Taschentuch über die Augen.

»Keine Sorge, Mama. Ich passe gewiss auf die Kleinen auf.« Um ihr noch etwas Tröstliches mit auf den Weg zu geben, fügte ich hinzu: »Mama, du musst nicht weinen. Wenn der Papa im Krankenhaus liegt ist ja alles gut. Die machen ihn ganz schnell wieder gesund.«

Da konnte die Mutter ihre Tränen erst recht nicht zurückhalten und verließ ganz schnell das Haus. Bei ihrer Rückkehr wirkte sie noch trauriger als zuvor. »Wie geht es dem Papa?«, bestürmte ich sie sogleich. »Kommt er bald zurück?«, wollte Marlene wissen.

»Das erzähle ich euch alles nach dem Essen, wenn die Kleinen im Bett sind«, wich sie aus. »Jetzt muss ich erst kochen.«

Nachdem sie die beiden Kleinen zum Schlafen niedergelegt hatte, setzte sie sich zwischen ihre beiden Großen auf die Eckbank und legte um jede von uns einen Arm. Mit dieser Geste vermittelte sie uns eine gewisse Geborgenheit. Aber heute denke ich, sie tat es vor allem auch deshalb, um bei uns Halt zu suchen. Sie begann: »Der Papa hatte im Hopfengarten einen Unfall, er ist schwer verletzt. In unserem Krankenhaus können sie ihm nicht helfen. Deshalb wollen sie ihn morgen nach Murnau in eine Spezialklinik bringen.«

»Wo ist Murnau?«, wollte ich wissen.

»O, das ist ziemlich weit weg.«

»Können wir ihn da besuchen?«, war meine nächste Frage. »Ja, den Papa besuchen«, wiederholte Marlene. »Bestimmt freut er sich dann.«

»Ach Kinder, das geht nicht. Der Papa muss dauernd untersucht werden und zwischen den Untersuchungen braucht er viel Ruhe.«

»Wie lange muss der Papa in Murnau bleiben?«, erkundigte sich Marlene.

»Das kann ich euch nicht sagen. Es wird sehr lange sein, und ich stehe derweil allein da.« Erneut flossen ihre Tränen.

»Aber Mama, deshalb musst du doch nicht weinen. Wir sind ja bei dir.« Um ihr zu beweisen, dass sie nicht verlassen sei, schmiegten wir uns noch dichter an sie. Unter Tränen lächelte sie: »Ja, wenn ich euch nicht hätte!« Nach einer kurzen Pause fuhr sie fort: »Trotzdem stehe ich allein da mit der vielen Arbeit und ich weiß nicht, was aus uns werden soll.«

»Wir helfen dir«, boten wir beide spontan an. »Ich spüle und trockne ab und decke immer den Tisch«, verkündete ich. Und Marlene versprach, Staub zu wischen und die Küche zu kehren. Die Mutter musste über unsere »großzügigen Angebote« lächeln: »Ja, ihr beiden, darüber freue ich mich sehr. Dem lieben Gott muss ich wirklich dankbar sein, dass ich so brave Kinder habe. Doch die Hausarbeit ist nicht das Schlimmste. Mir macht es Sorge, wie ich die Arbeit auf den Feldern schaffen soll. Das kann ich doch nicht allein und von der Arbeit in den Hopfengärten verstehe ich überhaupt nichts.«

»Der Opa kann dir doch helfen«, kam ein Vorschlag von mir. Sie seufzte abgrundtief, ehe sie mir eine Antwort gab, die für mich unverständlich war: »Du hast recht, ich werde wohl in den sauren Apfel beißen müssen.«

Dazu muss ich erklären: Mit uns im Haus lebten zwei alte Leute, der Hans und die Kathi, die wir Oma und Opa nannten, obwohl ich genau wusste, dass sie nicht unsere Großeltern waren. Unsere echte Großmutter mütterlicherseits, Maria, war bereits ein Jahr nach meiner Geburt gestorben. Ihr Mann, unser Großvater Ludwig, wohnte etwa eine Viertelstunde zu Fuß von unserem Haus entfernt. Er war sehr nett, deshalb

14

besuchten wir ihn gerne. Bei ihm lebte sein Sohn Luggi mit seiner Frau Martha. Zu Opa Paul, Vaters Vater, ging man dagegen eine halbe Stunde, aber in die andere Richtung. Die größere Entfernung war allerdings nicht der Grund, warum wir ihn so ungern besuchten, sondern dass er nicht gerade nett zu uns war, besonders die Oma Elfriede war immer sehr unfreundlich.

Nachdem Mama unserem Nenn-Opa von Papas Unfall berichtet hatte, war er sofort bereit, mit Peter die Arbeiten im Hopfengarten fortzusetzen.

So schnell wurde es dann doch nichts mit Papas Verlegung nach Murnau. Es dauerte eine ganze Woche, bis er endlich mit dem Hubschrauber nach Murnau geflogen wurde. Dort befindet sich nämlich eine Klinik von der Berufsgenossenschaft, die auf schwierige Fälle spezialisiert ist.

Danach dauerte es weitere Wochen, bis Mama endlich in der Lage war, uns zu erzählen, wie sich Papas Unfall zugetragen hatte. Wahrscheinlich musste sie selbst erst ins seelische Gleichgewicht kommen, bevor sie sich von Peter den genauen Unfallhergang hatte schildern lassen.

Damit das Folgende auch jemand versteht, der nicht in der Holledau, dem größten Hopfenanbaugebiet der Welt, lebt, muss ich ein bisschen weiter ausholen. Schon mit der Bezeichnung der Felder als ›Hopfengarten‹, hat es eine besondere Bewandtnis. In früheren Zeiten, als noch jeder Bauer nur für den Eigenbedarf anbaute, und zwar alles, was er für Mensch und Tier benötigte, legte man in unserer Region zusätzlich zu seinem Gemüsegarten einen Hopfengarten an. In diesem standen nur wenige Stangen, an dem die Hopfenpflanzen emporrankten. Zum einen brauchte man den Hopfen, um sein eigenes Bier zu brauen, zum anderen galt er als wichtige Heilpflanze. Erst als sich die Landwirte zu spezialisieren begannen, wurden die Hopfenanbauflächen immer ausgedehnter, der Name ›Garten‹ aber blieb.

Wenn man heutzutage im Sommer auf der Autobahn durch die Holledau fährt, sieht man zu beiden Seiten riesige Hopfengärten, in denen sich die Pflanzen – scheinbar schwerelos – elegant im Wind wiegen. Dass sich aber jede einzelne Pflanze um einen Draht rankt, der in sieben Metern Höhe an einem Längsdraht aufgehängt ist, kann man von Ferne nicht erkennen. Auch kommt dem Laien nicht der geringste Gedanke, dass so manche Arbeit, die dahintersteckt, in früherer Zeit sogar äußerst gefährlich war.

Nun, an jenem verhängnisvollen 10. März 1972 war mein Vater mit Peter – die beiden halfen sich

16

immer gegenseitig – hinausgefahren in einen unserer Hopfengärten, um die Querdrähte, auf denen das ganze Gewicht der Längsdrähte lastet, neu zu spannen. Die ausgewachsenen Hopfenreben haben nämlich ein ganz schönes Gewicht, zudem zerrt der Wind noch an ihnen. Dadurch lockern sich die Querdrähte und müssen jedes Jahr nachgespannt werden.

Hopfengärten bestehen aus vielen Reihen von dicken Stangen, die sieben bis acht Meter hoch sind und die man Säulen nennt. Die erste und die letzte Säule einer jeden Reihe ist mit einem kräftigen Drahtseil im Boden verankert, damit das ganze Gebilde Halt hat. Ein Hopfengarten ist eine wunderbare, gut durchdachte Konstruktion. Von der ersten bis zur letzten Säule einer jeden Reihe ist ein kräftiger Längsdraht gespannt, ein Stacheldraht. Daran werden im Frühjahr dünne Drähte angehängt, an denen später die Hopfenpflanzen emporranken sollen. Die Stacheln der Längsdrähte sollen verhindern, dass sich die feinen Drähte mit den Reben daran zu sehr hin und her bewegen.

Das Nachspannen der Querdrähte ist nicht ungefährlich, deshalb nimmt man zur Sicherheit immer einen zweiten Mann mit, der auch für Handreichungen zuständig ist. Wie immer lehnte mein Vater eine Holzleiter, die sich nach oben verjüngt, an die erste Säule und stieg mit einem kleinen Flaschenzug hinauf. Dieser dient dazu, das Seil straff zu spannen, mit bloßer Hand würde man das nicht schaffen. Dann nagelte er den Draht mit dem U-Haken auf der Säule fest ins Holz, wickelte das Drahtende um das Ankerseil und zurrte es fest. Nun hieß es wieder runter und die Leiter an die nächste Säule lehnen. An dieser und den folgenden Säulen einer Reihe war die Arbeit einfach. Das Seil musste nur mithilfe des Flaschenzugs gespannt und per U-Haken befestigt werden. Bei der letzten Säule ergab sich allerdings wieder die Schwierigkeit, dass mein Vater das Seilende am Ankerseil befestigen musste.

Er hatte Routine darin, gewiss hatte er das schon mehrere Hundert Male gemacht. So arbeiteten die beiden Männer Reihe für Reihe ab. Mittlerweile war es 16.30 Uhr geworden, und sie liebäugelten schon mit dem Feierabend. Wieder kamen sie an eine erste Säule. Wie gewohnt stieg der Vater hinauf, klopfte den U-Haken fest, spannte den Draht per Flaschenzug, wand das Ende um das Ankerseil und wollte wieder hinabsteigen. In dem Moment entdeckte er, dass etwas mit dem Seil nicht stimmte, und lockerte es noch mal. Da es aber bereits unter Spannung stand, gab es durch das Auflösen einen Ruck, sodass sich die Leiter etwas zurückbewegte. Dadurch katapultierte sie den Vater im hohen Bogen nach hinten. Die Leiter selbst schwankte nur kurz und schnellte wieder nach vorn zur Säule. Der Vater aber stürzte aus einer Höhe von sieben Metern ab und landete mit dem Rücken auf einem Ranken, wie man bei uns sagt, also auf der Kante einer kleinen Böschung. Peter, der das mitbekommen hatte, rannte sofort zu ihm und wollte ihm auf die Beine helfen. Doch diese gehorchten dem Vater nicht. »Ich weiß nicht, Peter«, jammerte er, »ich fühle meine Beine nicht mehr.«

»Au weh«, stieß der Nachbar aus. »Bleib ganz ruhig liegen, ich rufe einen Sanka.«

Mit Vaters Schlepper fuhr er ins nächste Dorf, in dem er einen Bauern kannte, der bereits Telefon besaß. Von dort bestellte er den Krankenwagen, der den Verletzten umgehend nach Pfaffenhofen ins Krankenhaus brachte. Bei ihrer Erzählung erwähnte die Mutter auch noch das Wort »querschnittsgelähmt«, mit diesem wusste ich aber nichts anzufangen.

In den folgenden Wochen, wenn die Mama Briefe an den Papa schrieb, legten wir selbst gemalte

Bildchen dazu. Damit wollten wir ihm zeigen, dass wir an ihn dachten. In seinen Antwortbriefen malte er immer ein dickes Busserl für jedes von uns. Dieses gab uns die Mama dann zu »lesen«.

An einem Sonntag nach dem Mittagessen, die Mama hatte ihre Jüngsten gerade zum Schlafen niedergelegt, ermahnte sie mich: »Sei schön brav, Vroni, und pass gut auf die Kleinen auf. Ich fahre jetzt zum Papa und bin zum Melken wieder zurück.«

Alles Betteln von Marlene und mir, sie solle uns mitnehmen, half nichts. Die Mama erklärte uns, wir müssten daheimbleiben, weil wir uns ja um die kleinen Geschwister kümmern sollten, wenn diese aufwachten.

Zum Melken war die Mama aber nicht rechtzeitig zurück, deshalb übernahm Opa das. Er mistete auch den Stall aus und versorgte die Tiere mit Futter, wie er das immer tat, seit Papa im Krankenhaus lag. Als die Mama endlich zurück war, sah sie schlimm aus. Sie hatte einen Verband um den Kopf und einen um die linke Hand, und ihr schönes buntes Sommerkleid war blutverschmiert. Das Auto war auch in einem jämmerlichen Zustand, wie ich am nächsten Tag im Hof sehen konnte. Was war passiert?

Die Mama mochte nicht darüber reden. Von Tante Berta erfuhr ich einige Tage später, dass die Mama nervlich am Ende sei und nicht mehr Auto fahren dürfe. Sie sei so fertig, dass sie auf freier Strecke gegen einen Baum gefahren war. Es sei ein Glück gewesen, dass wir Kinder nicht mit im Wagen gesessen hätten. Obwohl ich erst fünf war, sah ich das genauso.

In der nächsten Zeit durften wir Großen dann einige Male unseren Papa besuchen. Die Kleinen blieben derweil bei Tante Berta, einer Schwester meiner Mutter. Die Mama fuhr nie selbst, es saß immer eine andere Person am Steuer. Mal war es der Nachbar Peter, mal ein Onkel, mal eine Tante. Ich erinnere mich noch gut, wie der Papa strahlte, als er uns sah, und uns ganz fest an sich drückte. Ich fragte ihn, ob seine Beine noch immer nicht gesund seien und ob er bald nach Hause komme. Da wischte er sich eine Träne aus den Augen und sagte: »Kind, wir müssen Geduld haben.« Er war erst zweiunddreißig Jahre alt. Sollte er nie wieder auf die Beine kommen?

Eine positive Erinnerung an diesen Besuch habe ich auch noch, wir durften auf dem riesigen Krankenhausbalkon herumtollen.

Monat um Monat verging, und unser Vater lag noch immer im Murnauer Krankenhaus. Die

Mama schlug sich so recht und schlecht durch, unterstützt von dem älteren Ehepaar im Haus und von einigen Nachbarn. Diese hatten die nötigen Arbeiten in den Hopfengärten erledigt. Sie hatten die noch verbliebenen Drähte gespannt, die Hopfenwurzeln entsprechend beschnitten, die kräftigsten Reben um die Drähte gewickelt und diese an die Stacheldrähte gehängt. Mehrmals hatten sie das Unkraut entfernt, gedüngt und gegen Schädlinge gespritzt, sonst hätten wir im Spätsommer keine ordentliche Ernte einfahren können. Denn Hopfen war unsere wichtigste Einnahmequelle. Mama hatte sich also um nichts zu kümmern brauchen, was den Hopfen anging. Auch bei der Heuernte halfen viele mit. Wettermäßig hatte es der Juni gut mit den Heubauern gemeint. Sie hatten nicht nur ihr eigenes Heu trocken einbringen können, sondern auch das unsere.

In den ersten Julitagen war es dann so heiß, dass die Mama uns die alte Zinkbadewanne in den Hof stellte und sie zur Hälfte mit Wasser füllte. In diese hüpften wir immer wieder hinein, um uns abzukühlen.

Eines Tages, kurz nachdem der Postbote da gewesen war, kam die Mama zu uns heraus, wobei sie einen Brief fröhlich schwenkte. Er war vom

Papa. Er schrieb, dass er uns am Wochenende besuchen wolle. Es sei schon alles geklärt. Peter werde ihn am Freitagnachmittag in Murnau abholen und ihn am Sonntagabend wieder zurückbringen. Marlene und ich, die wir gerade in der Wanne planschten, sprangen vor lauter Freude aus dem Wasser, fassten uns und die kleinen Geschwister an den Händen und hüpften ausgelassen um die Wanne herum. Dabei riefen wir immer wieder fröhlich: »Der Papa kommt! Der Papa kommt!«

Am Freitag, dem 7. Juli, sollte ich meine Mutter zum letzten Mal sehen. Nach dem Mittagessen stand sie im Hausgang vor dem Garderobenspiegel und fuhr sich mit dem Kamm durch die Haare. Ihr braunes Haar, kurz geschnitten und glatt, war schnell gekämmt. Sie trug ein taubenblaues Kostüm und dazu eine weiße Bluse mit einer Bindeschleife am Hals. Schon als Fünfjährige war ich so modebewusst, dass ich erkannte, wie der schmal geschnittene Rock ihre schlanke Figur zur Geltung brachte. Daran erinnere ich mich deshalb noch so gut, weil ich dachte: Wie schön die Mama doch ist! Wahrscheinlich meinte ich chic, doch dieses Wort kannte ich damals noch nicht. Normalerweise sah ich sie ja nur in Arbeitskleidung.

»Mama, wo willst du hin?«, fragte ich besorgt.

»Die Tante Berta holt mich gleich ab. Wir wollen mal schnell nach Ingolstadt, um einen Lebensmittelgroßeinkauf zu machen.«

»Aber Mama, du kannst doch jetzt nicht wegfahren. Hast du vergessen, dass der Papa heute kommt?«

»Das habe ich nicht vergessen, mein Schatz. Aber bis er heimkommt, sind wir längst zurück.«

Ein Ausflug mit Tante Berta schien mir verlockend, noch dazu nach Ingolstadt, das ich nur vom Erzählen kannte, deshalb bettelte ich: »Ich will mit.«

»Das geht nicht«, wehrte die Mutter entschieden ab. »Du musst doch auf die Kleinen aufpassen.«

»Immer ich!«, maulte ich. »Das kann doch auch die Oma machen.«

Sichtlich erschrocken antwortete die Mutter: »Nein, um Gottes Willen! Mit der verstehe ich mich nicht so gut. Deshalb möchte ich sie auf keinen Fall darum bitten.«

Das sah ich halbwegs ein. Um mich restlos zu motivieren, machte sie ein verlockendes Angebot: »Wenn du brav bist, bringe ich dir auch was Schönes mit. Weißt, im Großmarkt wäre es doch langweilig für dich. Wir hasten ja nur von einem

Stand zum anderen.« Dies waren für mich die letzten Worte meiner Mutter.

Die Zeit schlich träge dahin. Mir wurde es allmählich zu langweilig, immer nur die Kleinen zu unterhalten. Die Uhr kannte ich zwar noch nicht, aber meinem Gefühl nach hätte die Mutter längst zurück sein müssen.

Auf einmal ging die Tür auf – und wer wurde von unserem Nachbarn hereingeschoben?

Der Papa! Jauchzend stürzten wir uns alle vier gleichzeitig auf ihn. Besorgt rief der Peter: »Halt, halt, Kinder! Nicht so stürmisch! Ihr derdruckt ja euren armen Papa.«

Nachdem wir ihn aus unserer Umklammerung freigegeben hatten, fiel mir auf, dass der Papa sehr ernst dreinschaute. »Papa, was ist los? Warum schaust du so böse?«

»Ich schau nicht böse, ich schau nur traurig.«

»Warum schaust du traurig? Freust du dich nicht, dass du wieder daheim bist?«

»Doch, schon, sehr. Aber ich bin traurig, weil eure Mama im Krankenhaus ist.«

»Im Krankenhaus?«, fragte Marlene. »Hat sie jetzt auch kranke Beine?«

»Wieso ist die Mama im Krankenhaus?«, fragte ich. »Sie wollte doch mit Tante Berta nach Ingolstadt zum Einkaufen.«

»Das haben die beiden auch gemacht. Aber auf dem Rückweg hat es sie erwischt.«

»Erwischt? Papa, was meinst du damit?«

»Sie hatten einen Autounfall.« In dem Augenblick betrat Oma die Küche. Da sie den letzten Satz noch mitbekommen hatte, fragte sie: »Wer hatte einen Autounfall?«

Der Papa erklärte es ihr mit wenigen Sätzen. Dann richtete sie das Nachtessen. Während wir Kinder eifrig zulangten, rührte der Vater fast nichts an, obwohl die Oma etwas Gutes gekocht hatte.

Am nächsten Morgen war der Papa noch trauriger. Ihm liefen Tränen über die Wangen. So etwas hatte ich bei ihm noch nie gesehen. Bei der Mama ja, die hat öfters mal geweint, auch schon bevor der Papa verunglückt war. Sie hat mir aber nie verraten, warum. Dass wir Kinder immer wieder mal weinten, das war selbstverständlich. Dann nahm uns die Mama in den Arm und fragte, was los sei. So machte ich das nun auch beim Papa. Ich legte meinen Arm um seinen Nacken und fragte: »Was ist los, Papa?«

Da brach es aus ihm heraus: »Die Mama ist tot.«

Selbst an diese Nachricht kann ich mich nicht mehr erinnern. Ich muss so geschockt gewesen sein, dass ich alles, was danach um mich herum geschah, verdrängt habe. Für uns Kinder lief das Leben scheinbar normal weiter. Die Oma war ja da, die uns gewissenhaft versorgte. Der Papa war in Murnau, und kam etwa alle zwei Wochen zu Besuch. An nichts, was mit dem Tod meiner Mutter und ihrer Beerdigung zusammenhängt, kann ich mich erinnern. Alles, was ich darüber weiß, habe ich mir mosaiksteinartig aus dem zusammengesetzt, was mir von anderen Personen erzählt worden ist, vom Papa, von der Oma, von Tanten, von Nachbarn.

Demnach war es so: Der Papa war an besagtem Freitag mit Peter von Murnau kommend auf dem Weg nach Hause. Da kam ihnen ein Krankenwagen entgegen mit Tatütata und Blaulicht. Dabei dachten sich die beiden nichts Böses. Beim Weiterfahren entdeckten sie wenig später Blaulicht von zwei Polizeiwagen. Das war gegen 18.30 Uhr. Da Peter an der nächsten Kreuzung abbiegen musste, ging er schon mit der Geschwindigkeit herunter. An dieser Kreuzung geht es von der Bundesstraße ab auf die Landstraße, die zu unserem Dorf führt. Da sahen sie zu beiden Seiten der Straße einen Haufen Leute stehen und fuhren unwillkürlich noch langsamer. »Man meint grad, unsere halbe Ortschaft sei unterwegs«, scherzte der Papa noch. Schon gab ihnen ein Polizist mit seiner Kelle das Zeichen zum Anhalten, damit der Gegenverkehr den Engpass an der Unfallstelle passieren konnte. Auf der Kreuzung standen nämlich drei Personenwagen, die ineinander verkeilt waren. Diesen Stopp benutzte mein Vater, um die Scheibe herunterzukurbeln und einen der Schaulustigen zu fragen, was denn passiert sei. Während ihm dieser erzählte, es habe einen schweren Unfall gegeben mit vier Verletzten, trat einer unserer Nachbarn an den Wagen heran und sagte: »Es hat die Leni und ihre Schwester erwischt. Sie sind gerade mit dem Sanka auf dem Weg zum Krankenhaus.«

Spontan wollte mein Vater, dass der Peter umkehre und zum Krankenhaus fahre. Der aber behielt einen kühlen Kopf und fragte: »Was willst denn im Krankenhaus? Du weißt doch gar nicht, was der Leni fehlt. Womöglich muss sie operiert werden. Dabei können sie dich wirklich nicht brauchen.«

»Hast recht«, sah der Vater ein. »Außerdem muss ich heim, mich um die Kinder kümmern. Ich kann die Kleinen der Kathi nicht allzu lange zumuten.«

»Es würde besser passen, wenn du sagst: Ich kann es den Kindern nicht zumuten, dass sie zu lange mit der Kathi allein sind«, spöttelte der Peter.

An diesem Abend, wir Kinder lagen längst in unseren Betten, saß der Vater noch lange in der Küche und wartete auf eine Nachricht aus dem Krankenhaus. Der Pfarrer war nämlich, sobald er Kunde von dem Unfall erhalten hatte, zu meinem Vater geeilt und hatte sich erboten, zur Klinik zu fahren. Mit Papas Bruder Paul und Mamas Schwester Ottilie wollte er nachhören, wie es den Verletzten ging. Auf dem Rückweg wollten sie dann bei ihm vorbeikommen und ihm berichten. Zäh rannen die Stunden dahin. Kurz nach 23 Uhr – endlich – hörte er Bewegung im Hausgang. Jeden Moment würde nun einer eintreten und ihm Bescheid geben. Es tat sich jedoch nichts. Er vernahm nur ein Murmeln vor der Tür. Nach einer Zeit, die ihm wie eine Ewigkeit vorgekommen war, wurde die Klinke niedergedrückt und alle drei, die im Krankenhaus gewesen waren, traten ein, mit betroffenen Gesichtern. Sie schauten sich gegenseitig an und drucksten herum, offensichtlich traute sich keiner, etwas zu sagen. Da riss dem Vater der Geduldsfaden: »Was ist denn los? Jetzt redet's schon.« Als Einziger fasste sich der Pfarrer ein Herz und sagte, ohne lange drumherum zu reden: »Die Marlene ist tot.«

In diesem Moment brach der Vater zusammen. Gemeinsam müssen sie es irgendwie geschafft haben, ihn zu Bett zu bringen.

Am anderen Morgen war der Pfarrer schon wieder da und blieb einige Stunden beim Vater. Erst im Laufe dieser Stunden war der Vater in der Lage, dessen weitere Erklärungen aufzunehmen: Bei seiner Frau habe alle ärztliche Kunst versagt, sie sei gegen 22.30 Uhr entschlafen.

Der Pfarrer verließ das Haus erst wieder, als Susi, eine Schwester meines Vaters, eintraf. Sie kümmerte sich um ihn und um uns Kinder. Sie blieb auch noch die nächsten Tage und organisierte die Beerdigung. Der Vater musste ja am Sonntagabend wieder nach Murnau. Dass er dort pünktlich eintraf, dafür sorgte unser getreuer Peter. Am Montagabend rief man im Krankenhaus an und teilte dem Vater mit, dass die Beerdigung am Dienstagnachmittag sei. Einer seiner Brüder hat ihn rechtzeitig abgeholt. An der Beerdigung nahm ich auch teil, aber wie gesagt, ich erinnere mich an nichts. Nur wesentlich später hat mir der Vater erzählt: »Das war die größte Beerdigung, die ich je erlebt habe. Die 1.300 Sterbebilder haben nicht gereicht. Selbst von weither waren Leute gekommen, sodass nicht mal die Hälfte der Trauergäste in der

Kirche Platz fand, obwohl unsere Pfarrkirche nicht gerade klein ist.«

Unser Pfarrer, den schon seit Längerem eine Art Freundschaft mit unserem Vater verband, weil dieser seit vielen Jahren das Amt des Kirchenpflegers innehatte, nahm den Vater vor Beginn des Requiems beiseite: »Du, Gregor, nimm es mir bitte nicht übel, aber ich kann die Trauerpredigt nicht halten. Ich müsste sonst weinen.«

Statt seiner hielt dann ein Pater aus Scheyern, ein entfernter Verwandter von uns, die Grabrede. Er machte das sehr gut und sehr ergreifend, sodass von der Trauergemeinde viele Taschentücher gezückt wurden. Ihm selbst merkte man keine Rührung an. Er war bereits ein älterer Herr mit weißen Haaren. Im Laufe seines Priesterlebens hatte er wohl schon viele traurige Schicksale begleitet und dadurch gelernt, seine Gefühle im Griff zu halten. Dem Sarg, der zur Familiengrabstätte des Weiherhofs auf einer Lafette gezogen wurde, folgte ein so langer Trauerzug, wie ihn wohl sämtliche Gemeinden, die zu unserer Pfarrei gehörten, noch nie gesehen hatten.

Nach der Beisetzung trafen sich alle Verwandten und die engsten Freunde zum Gremess, wie man bei uns den Leichenschmaus nennt, in der einzigen Gaststätte des Kirchendorfes. Dort wurde eifrig darüber diskutiert, wie der Unfall passiert sein könnte und wer die Schuld daran trage. Aus diesen ganzen Diskussionen hielt sich der Vater heraus. Er wartete den Polizeibericht ab. Dieser ging ihm nach einigen Tagen zu. Demnach hatte sich das Unglück wie folgt zugetragen: Meine Tante Berta befand sich, von Ingolstadt kommend, auf der Bundesstraße und war im Begriff, nach links in die Landstraße, auf der man nach wenigen hundert Metern unser Dorf erreicht, einzubiegen. Sie setzte rechtzeitig den Blinker, ordnete sich vorschriftsmäßig ein und wartete den Gegenverkehr ab. In dem Moment kam von hinten ein PKW in vollem Tempo angerast. Darin saß ein junges Pärchen, das wohl mehr mit sich selbst beschäftigt war, als auf den Straßenverkehr zu achten. Jedenfalls krachte, laut Polizeibericht, dieser Wagen ungebremst auf den meiner Tante auf. Da diese die Vorderräder ihres Autos schon etwas nach links eingeschlagen hatte, wurde ihr Fahrzeug so weit auf die linke Fahrbahn geschoben, dass der entgegenkommende Wagen direkt in die Beifahrerseite hineinfuhr. Als ich Jahre später ein Foto von dem Unfallauto sah, das in der Zeitung abgebildet gewesen war, dachte ich: Was habe ich doch für ein Glück gehabt, dass die Mama mich nicht mitgenommen hatte. Von mir wäre nicht viel übrig geblieben.

Die Schuldfrage war also schnell und einwandfrei geklärt, und die Versicherung des Unfallverursachers wurde zur Kasse gebeten, sowohl für den materiellen Schaden als auch für die Krankenhauskosten, denn Mutter und Tante waren ja im Krankenhaus behandelt worden. Tante Berta hatte zum Glück nur einige Platzwunden und Prellungen davongetragen. Durch Röntgen hatte man festgestellt, dass nichts gebrochen war. Nachdem sie ihren Schock überwunden hatte und die Wunden genäht waren, konnte man sie schon am folgenden Tag entlassen. Für meine Mutter aber, die nur wenige Stunden nach dem Unfall gestorben war, stand ihrem Witwer ein Hinterbliebenengeld zu. Weil mein Vater sich in diesen Dingen nicht auskannte und weil er schon davon gehört hatte, dass sich Versicherungen oftmals gegen berechtigte Forderungen sträuben, schaltete er gleich einen Rechtsanwalt ein. Dieser sollte seine Ansprüche gegenüber der Versicherung vertreten und dafür sorgen, dass mein Vater nicht über den Tisch gezogen wurde, zumal er ja die meiste Zeit in Murnau verbrachte und nur an Wochenenden zu Besuch kam. Allein schon deshalb konnte er sich nicht um alles kümmern.

Sein Rechtsanwalt aber war ein Schlawiner. Das hat mein Vater zum Glück schnell herausgefunden. Statt die Interessen seines Mandanten zu vertreten, versuchte er, in die eigene Tasche zu wirtschaften, indem er mit dem Versicherungsvertreter Haberland gemeinsame Sache machte. Der Anwalt und der Haberland besuchten meinen Vater an einem Samstag in seiner Wohnung, um mit ihm alles Nötige zu besprechen. Zunächst versuchte der Versicherer, meinen Vater mit schönen Worten einzulullen. Dann bot er dem Vater eine Geldsumme an, von der dieser nicht abschätzen konnte, ob sie dem entstandenen Schaden angemessen sei. Da der Anwalt nicht den geringsten Versuch machte, zu Vaters Gunsten zu sprechen, bat er sich Bedenkzeit aus mit dem Hintergedanken, jemand Zuverlässiges als Beistand zu suchen. Er rief bei Jakob, den Geschäftsführer vom Maschinenring, an und fragte, ob er ihm jemanden nennen könne, der seine Interessen vertrete. Mit seiner Entscheidung, ausgerechnet diesen Mann anzurufen, hatte Papa ein riesiges Glück. Denn nach eigenem Bekunden kannte Jakob sich in diesem speziellen Bereich bestens aus. Deshalb bat Vater ihn, beim nächsten Besuch des Versicherungsangestellten dabei zu sein.

Zur festgesetzten Stunde traf Jakob in Vaters Haus ein. Sie warteten und warteten, aber der Rechtsanwalt und der Versicherungsvertreter kamen und kamen nicht. Die beiden hatten sich derweil heimlich getroffen, um die Sache miteinander abzusprechen. Als sie endlich mit wesentlicher Verspätung eintrafen, fing der Haberland salbungsvoll an: »Ja, mein lieber Herr Niedermeier, wir bedauern Ihren Fall außerordentlich.« Nachdem er dem Papa dann noch eine Menge Honig ums Maul geschmiert hatte, bot er ihm die Summe von 160.000 DM an. Mein Vater reagierte nicht und verzog keine Miene.

»Was, Herr Niedermeier, Sie freuen sich nicht?«, fragte der Versicherungsvertreter honigsüß. Vater aber wandte sich an Jakob mit der Frage: »Was sagst jetzt du dazu?«

»Ein klares Nein!«

So erschrockene Gesichter hatte mein Vater selten gesehen. Bis sich der Haberland wieder gefasst hatte, dauerte es eine Weile. Dann fuhr er den Mann vom Maschinenring an: »Wieso erlauben Sie sich, ein solches Urteil abzugeben?«

Seelenruhig antwortete dieser: »Ich habe zwanzig Jahre lang Sozialrecht ›studiert‹.«

Das hatte mein Vater gar nicht gewusst. Er hatte also das große Glück, den absolut richtigen Mann an seiner Seite zu haben.

»Ja, schämen Sie sich nicht«, fuhr dieser dann fort, »dem armen Witwer mit einem so lächerlichen Angebot zu kommen? Ist Ihnen ein Menschenleben nicht mehr wert? Neben dem menschlichen Verlust, der sich gar nicht beziffern lässt, entstehen dem Herrn Niedermeier durch den Verlust seiner Frau enorme Kosten. Er braucht eine Betreuung für seine vier unmündigen Kinder, er muss eine Haushaltshilfe einstellen, und wenn er vom Krankenhaus entlassen wird, benötigt der arme Querschnittsgelähmte eine Pflegeperson. Ganz abgesehen davon, hat er mit seiner Frau auch die wichtigste Arbeitskraft in der Landwirtschaft verloren.«

Betreten schauten sich die beiden an. Dann fiel dem Versicherungsangestellten nichts Besseres ein, als Jakob aufzufordern, den Raum zu verlassen. Ihn ginge ja die ganze Sache nichts an.

»Und ob es den was angeht!«, erhob der Papa Einspruch. »Sie können ihn nicht einfach rausschicken. Das geht nicht! Den Mann hab ich eigens hergebeten zu meiner Unterstützung. Der bleibt da.«

Wutschnaubend verließen die beiden anderen

den Raum, um sich zu besprechen. Als sie wieder hereinkamen, sagte mein Vater laut und deutlich zu seinem Rechtsanwalt: »Sie sind entlassen. Sie brauche ich nicht mehr.«

»Ja … ja … wieso?«, stotterte der verdattert.

Der Vater erklärte es ihm: »Eigentlich sollten Sie auf meiner Seite stehen. Sie hätten bei dem Versicherer meine Interessen vertreten müssen. Aber statt den Mund aufzumachen, mussten Sie sich mit ihm besprechen. Das sagt doch alles. Ich habe also den Eindruck gewonnen, dass Sie, statt für mich etwas zu tun, für die Gegenseite arbeiten.«

Danach fielen die beiden lautstark über den Vertrauensmann meines Vaters her.

Dieser schwieg zu allen Vorwürfen. Stattdessen meldete sich mein Vater erneut zu Wort: »Da ich von der ganzen Materie nichts verstehe, habe ich den Geschäftsführer vom Maschinenring als kompetente Person hergebeten. Wenn der sagt: Wir machen das so, dann machen wir das so.« Zum Anwalt gewandt, ergänzte er: »Schicken Sie mir die Rechnung zu für Ihre bisherigen Bemühungen. Sie sind endgültig entlassen.«

Dieser wurde fuchsteufelswild, sprang auf und beschimpfte die beiden lautstark. Er war knapp davor, ihnen an die Gurgel zu gehen. Nachdem der Anwalt sich ausgetobt hatte, verließ er tatsächlich den Raum. Mein Vater fragte: »Und, wie geht es nun weiter?«

»Jetzt brauchen Sie einen neuen Rechtsanwalt«, meinte der Mitarbeiter der Versicherung. Einen solchen nahm sich mein Vater dann auch, und zwar einen, den ihm Jakob empfohlen hatte. Das war ein Mann, dem mein Vater wirklich vertrauen konnte. Der handelte ihm dann eine wesentlich höhere Summe heraus als jene, die Herr Haberland zuerst angeboten hatte. Von dem Geld ließ er das Bad im Erdgeschoss behindertengerecht umbauen und kaufte sich ein Auto, das speziell für Behinderte gebaut war. Den Rest hat er für uns Kinder angelegt mit der Erklärung: »Man weiß ja nicht, was das Leben noch alles bringt. Vielleicht kommt mal eine Zeit, wo sie es dringend brauchen.«

Er hat versucht, mit dem auszukommen, was er nach seinem Unfall an Invalidenrente erhielt, was an Pacht für seine Felder einging und was an Kindergeld bezahlt wurde. Ja, ein bisschen Halbwaisenrente gab es auch noch aus Mutters landwirtschaftlicher Versicherung. So kamen wir ganz gut über die Runden.

Der Geschäftsführer vom Maschinenring hat dem Vater rechtzeitig noch einen weiteren wertvollen Rat erteilt: Er solle die Landwirtschaft nicht sofort aufgeben, sondern noch ein weiteres Jahr betreiben, und zwar so lange, bis die Verhandlungen mit der Versicherung endgültig abgeschlossen seien. Das hat Papa dann auch befolgt, weil er dem Jakob voll und ganz vertraute. Dabei hat er großes Glück gehabt, denn in dem zusätzlichen Jahr gab es eine außergewöhnlich gute Hopfenernte. In diesem Jahr halfen ihm nicht nur der Opa Hans und außer Peter noch andere Nachbarn, sondern vor allem der Grabmair aus dem Nachbardorf. Der kam fast täglich zu uns herüber und hat bei uns gearbeitet, als ob der Hof sein eigener wäre. Nach der guten Hopfenernte wollte mein Vater ihn für seine Mühe bezahlen, aber er hat sich geweigert, auch nur einen Pfennig anzunehmen. Es gibt also doch noch Nächstenliebe unter den Menschen.

Ab 1974 hat der Vater dann alle Felder verpachtet.

Aus dem ersten Sommer nach Mutters Tod gibt es noch zwei Ereignisse, an die ich mich aus eigenem Wissen erinnere. Und zwar fuhr eines Tages ein Auto auf unseren Hof. Aus diesem stiegen zwei Männer mit Kabeln und Handwerkszeug. Sie machten sich außerhalb des Hauses zu schaffen und im Hausgang. Sie bohrten, sie hämmerten, sie schraubten, was einen Mordsstaub verursachte. Darüber geriet die Oma in Rage und schimpfte mächtig.

»Aber gnädige Frau«, spöttelte einer der Monteure. »Nun regen Sie sich nicht so auf. Wenn Leitungen verlegt werden, gibt es nun mal Staub. Dafür haben Sie nachher auch ein schönes Telefon und können überallhin telefonieren.«

»Ich brauch kein Telefon«, herrschte sie den Arbeiter an. »Und ich hab auch keins bestellt.«

»Ich weiß«, antwortete der gelassen. »Das hat der Herr Niedermeier bestellt und der wird schon wissen warum.«

Damit gab sie Ruh und putzte den Staub weg, nachdem die Monteure abgezogen waren. Sie war dann aber die Erste, die von dem ungeliebten Telefon Gebrauch machte.

Und zwar hing das mit meinem zweiten Erlebnis zusammen, an das ich mich noch lebhaft erinnere. Unser Dorf war so klein, dass es nichts gab außer den wenigen Bauernhöfen, keine Kirche, keine Schule, kein Geschäft, ja noch nicht mal ein Wirtshaus.

Die einzige Attraktion war ein Kaugummi-Automat. Der hing gleich gegenüber von unserem Hof an einer Hauswand. Er war das Sehnsuchtsziel sämtlicher Kinder des Ortes. Mit begehrlichen Blicken verfolgte ich immer wieder, wie ein Kind hinging, etwas in einen Schlitz warf und freudestrahlend das in Empfang nahm, was aus dem Kasten fiel. Das Kind steckte es in den Mund und zog genüsslich kauend ab. Mit der Zeit kam ich dahinter, dass man ein Zehnerl brauchte zum Einwerfen und dass dann aus dem Automat ein Kaugummi fiel. Eines Tages nun schenkte mir die Oma ein Zehnerl für besonderes Bravsein. Nun hatte ich nichts Eiligeres zu tun, als über die Straße zu sausen, um an den bewussten Automaten zu gelangen. Dabei war es für mich nicht das Wichtigste, an einen Kaugummi zu kommen, sondern diesen Apparat betätigen zu dürfen. Noch genau erinnere ich mich an das Hochgefühl, das ich hatte, als ich mein Geldstück in den Schlitz warf und den Drehgriff bediente. Dann dieses beseligende Geräusch, als der Automat den Kaugummi für mich ausspuckte. Beglückt steckte ich ihn in den Mund. In meiner gehobenen Stimmung schaute ich weder nach rechts noch nach links, sondern sprang auf die Straße, um unserem Hof zuzustreben. In dem Moment hörte ich ein Quietschen und stellte erstaunt fest, dass ich vor einem Auto lag. Sofort rappelte ich mich hoch, wobei ich merkte, dass mit meinem rechten Arm etwas nicht stimmte. Der Fahrer sprang aus dem Wagen und zeigte sich sehr besorgt um mich. Sofort rannten einige Leute herbei, die das Quietschen vernommen hatten. Vor ihnen beteuerte der Fahrer mehrmals, dass es ihm furchtbar leid tue und dass er absolut nichts dafür könne. Das Kind sei ihm einfach vor den Wagen gesprungen. Eine Nachbarin, die zufällig auf ihrem Hof gestanden hatte, bestätigte, dass sie gesehen habe, wie ich, ohne nach rechts und links zu gucken, auf die Straße gehüpft sei. Sie erbot sich, der Oma Bescheid zu sagen, während eine andere Nachbarin mich in ihr Auto packte und zum Krankenhaus fuhr. Dort wurde ich zunächst geröntgt. Dabei stellte man einen Schlüsselbeinbruch fest. Dieser wurde sehr eigenartig bandagiert, sodass es sich anfühlte und so aussah, als trüge ich einen Rucksack. Die Abschürfungen an den Armen und Beinen wurden von einer Schwester mit Jod bepinselt und verbunden. Zusätzlich bekam ich eine Tetanusspritze. Dann durfte die Nachbarin mich wieder mit nach Hause nehmen.

Mein kleiner Unfall war geschehen, einen Tag bevor mein Papa wieder auf Besuch kommen sollte. Deshalb machte ich mir große Sorgen. Wenn er mich mit meinen Verbänden sah, würde er gewiss einen Schreck kriegen. Dabei hatte er doch schon Verdruss genug. Weil ich ihm zusätzlichen Kummer ersparen wollte, kam ich auf eine glorreiche Idee. Obwohl es ein heißer Augusttag war, zog ich eine Strickjacke über und eine lange Hose an, damit er meine Blessuren nicht sehen konnte.

Am Freitagabend, als ein Bruder vom Papa ihn in die Küche schob, stürzten wir uns wie immer auf ihn. Ich allerdings etwas verhaltener als sonst. »Brauchst dich gar nicht verstecken, Vroni. Ich weiß längst, was du angestellt hast. Komm, lass deine Verbände anschauen. Ich will kontrollieren, ob die auch ordentlich gemacht sind.« Einerseits war ich über diese Reaktion erleichtert, andererseits erstaunt. »Aber ... aber ... woher weißt du davon?«

»Ja, wozu hat man heutzutage Telefon?«

Da hatte doch tatsächlich die Oma, die alte Ratschkathl, dem Papa brühwarm von meinem Unfall berichtet. Natürlich war ich froh, dass er alles so gelassen hingenommen und nicht geschimpft hat, dass ich so etwas Überflüssiges angestellt hatte.

In der Schule

Das nächste bedeutende Ereignis, an das ich mich erinnere, war meine Einschulung. Schon Wochen vorher war der Opa mit mir zur Schule gefahren, wo auf einem langen Gang viele Mütter mit ihren Kindern anstanden. Opa Hans war der einzige Mann, der sich in diese Schlange einreihte. Eine Mutter nach der anderen verschwand mit ihrem Kind hinter einer Tür. Endlich kamen wir an die Reihe. In dem Raum saß ein mittelalter Mann mit Halbglatze an einem Schreibtisch und ihm gegenüber saß eine junge Frau. Wir nahmen seitlich vom Schreibtisch Aufstellung. Die Frau schaute sich die Papiere an, die ihr der Opa vorlegte, und notierte etwas in ihre Liste. Der Mann fragte mich so einiges, was ich leicht beantworten konnte. Nach jeder Antwort nickte er mit dem Kopf und lobte mich: »Fein gemacht.« Am Ende rief er der Frau zu: »Schulreif!«

Dass Äpfel und Birnen reif sind, war mir ein Begriff, dass man aber auch schulreif sein kann, war mir neu. Später erfuhr ich, dass ich eigentlich noch gar nicht in die Schule gemusst hätte, weil ich noch keine sechs Jahre alt war. Nur wer vor dem 30. Juni seinen sechsten Geburtstag hatte, war schulpflichtig. Da ich aber erst am 22. Oktober sechs werden würde, nahm man mich nur, weil ich schon »schulreif« war.

Dann zog es sich aber noch lange hin, bis für mich der Unterricht endlich beginnen sollte. Zum Glück tat sich einiges in diesen Wochen, das mich ablenkte und mein ungeduldiges Warten etwas verkürzte. Der Opa brachte mich ein zweites Mal zur Schule, zur ärztlichen Untersuchung. Hoffentlich findet die Frau Doktor nichts an mir auszusetzen, das mich am Schulbesuch hindern könnte, war meine besorgte Überlegung. Als sie zum Opa sagte: »Die Vroni ist zwar noch ein bisschen klein, aber rundum gesund. Und da sie ein aufgewecktes Kind ist, wird sie es schon schaffen.« Da freute ich mich sehr.

Tante Ottilie, eine Schwester von Mama, zog einige Tage danach mit mir los, um mich für meinen Schulbesuch richtig auszustatten. Ich durfte mir einen Ranzen aussuchen und ein Mäppchen mit Bleistiften, Lineal, Radiergummi und Spitzer. Dann kauften wir noch eine Fibel und mehrere Hefte. Sogar eine rosa Plastikdose kaufte die Tante. Auf meine verwunderte Frage, was ich denn mit dieser solle, antwortete sie: »Da kommt später dein Pausenbrot rein.«

Mitte September war der große Tag endlich da! Vor lauter Aufregung sprang ich schon wesentlich früher aus dem Bett als üblich, wusch mich und zog mir die Sachen an, die Oma für diesen bedeutenden Tag herausgelegt hatte. Aufs Frühstück wollte ich vor lauter Ungeduld ganz verzichten. Doch Oma bestand darauf: »Du musst essen, Kind, sonst machst nachher in der Schule schlapp.« Das wollte ich auf keinen Fall riskieren. Also würgte ich lustlos ein Marmeladenbrot hinunter und trank brav meine Tasse Milch. Tante Susi, eine Schwester meines Vaters, hatte mir zugesagt, sie werde mich an meinem ersten Schultag mit dem Auto zur Schule bringen. »Wann kommt denn die Tante endlich?«, fragte ich die Oma ein ums andere Mal.

»Reg dich nicht auf, Kind, du hast noch reichlich Zeit.«

Auf einmal wurde es aber doch knapp. Die Oma half mir, den Ranzen anzuziehen, und drückte mir die schwere Schultüte in die Hand, die meine Patin, Tante Ottilie, besorgt hatte. So bewaffnet trippelte ich schon hinaus auf den Hof, damit ich keine Zeit verlieren würde, wenn die Tante endlich aufkreuzte. Nervös marschierte ich trotz meines schweren Gepäcks auf und ab. Wer aber nicht kam, war Tante Susi. Mit wachsender Besorgnis beobachtete ich, wie ältere Schüler zur Bushaltestelle eilten. Da war ich nicht mehr zu halten. Womöglich hatte meine Tante mich vergessen, und ich würde meinen ersten Schultag verpassen. Das durfte nicht sein. Jetzt gab's nur eins: Ich musste den Schulbus noch erwischen. Also lief ich hinter den anderen her. Ich stand noch gar nicht lange an der Haltestelle, da brauste der Bus schon heran. Wie selbstverständlich stieg ich mit den anderen Schülern ein. Freundlicherweise nahm mir ein älteres Mädchen die Schultüte ab, damit ich beide Hände frei hatte, um mich an den Griffen hochzuziehen. Im Bus befanden sich bereits Kinder aus anderen Dörfern, und im nächsten Dorf stiegen noch einige zu. Als alle zu den Ausgängen drängten, wusste ich, dass wir die richtige Haltestelle erreicht hatten. Auf dem Schulhof entdeckte ich schon etliche Frauen mit einem Kind an der Hand, von denen jedes eine Schultüte im Arm hielt. Also gesellte ich mich zu ihnen. Als die Klingel ertönte, stellten sich alle Schüler ordentlich in Zweierreihen auf, nur die Mutter-Kind-Gruppe blieb ungeordnet stehen. Wenig später trat die Lehrerin, die ich von der Anmeldung her kannte, auf uns zu und führte uns in einen Klassenraum. Während sich die Buben und Mädel in die Bänke drängten, stellten sich die Mütter hinten an der Wand entlang auf. Ich kam neben einem rotbackigen Mädchen zu sitzen, mit dem ich mich bald anfreunden würde. Die Lehrerin stellte sich als Frau Zeidler vor und hielt eine kurze Ansprache an die Mütter. Auch für uns Kinder fand sie ein paar freundliche Worte. Anschließend sang sie mit uns einige Lieder und las uns ein Märchen vor. Danach verkündete sie: »Für heute seid ihr entlassen. Aber morgen bleibt ihr länger hier, dann fangen wir richtig an zu arbeiten.«

Im Hof wurden wir von einem Fotografen empfangen. Mit unserer Lehrerin stellten wir uns auf der Schultreppe auf, die Kleinen, zu denen ich gehörte, auf die erste Stufe. Jedes hielt seine Schultüte so, dass sie wirkungsvoll aufs Bild kommen sollte. Als der Fotograf seine Arbeit beendet hatte, drängte sich jedes Kind zu seiner Mutter. Nur ich blieb unschlüssig stehen. »So alleine, kleines Fräulein?«, wandte sich die Lehrerin an mich. »Ja, die Tante, die mich bringen wollte, hat mich nicht abgeholt.«

»Ja, wie bist du denn hergekommen?«

»Mit dem Schulbus, natürlich.«

Sie lachte: »So natürlich ist das gar nicht, dass

ein Schulanfänger am ersten Tag mit dem Bus fährt. Wieso hat dich deine Mama nicht gebracht?«

Nun erzählte ich ihr von Mamas Autounfall und dass der Papa in Murnau im Krankenhaus liege. Sie strich mir mitleidig über den Kopf und sagte, sie habe von dem traurigen Schicksal gehört. »Und wie kommst du jetzt nach Hause?«, sorgte sie sich.

»Natürlich mit dem Schulbus.«

»Ach, Vroni, das kann ich nicht zulassen. Da müsstest du viel zu lange warten. Komm mal mit, ich will sehen, ob ich eine Mutter finde, die in deine Richtung fährt.«

Ich hatte Glück. Einige Mütter standen noch ratschend auf dem Hof, und Frau Zeidler hatte schnell eine gefunden, die mich mitnahm. Sie musste nur einen kleinen Umweg machen, denn sie war nicht aus unserer Ortschaft. In diesem Jahrgang war ich das einzige Kind aus unserem Dorf.

Wie ich zu Hause von Oma erfuhr, war Tante Susi doch noch gekommen, aber so spät, dass ich mit dem Schulbus bereits längst über alle Berge war.

Am nächsten Morgen begannen wir damit, lesen, schreiben und rechnen zu lernen. Nach einiger Zeit erklärte die Lehrerin: »Jetzt habt ihr eure kleinen Köpfe genug angestrengt. Zur Auflockerung wollen wir ein Lied singen.« Nach dem Lied durften wir unsere Stühle im Kreis aufstellen und uns darauf setzen. Die Lehrerin meinte, da wir aus sechs verschiedenen Dörfern kämen, würden wir wohl kaum einander kennen. Deshalb schlug sie vor: »Damit ihr euch schneller kennenlernt, darf jetzt jedes laut und deutlich seinen Vor- und Zunamen nennen, seinen Wohnort und seine Straße mit der Hausnummer, falls ihr die schon wisst.«

Diese Vorstellungsrunde war ganz lustig. Die einen krähten laut heraus, was sie wussten, andere waren so schüchtern, dass sie nur ganz leise piepsten. Als ich an die Reihe kam, nannte ich meinen Namen und meinen Wohnort einwandfrei. Dann stockte ich. »Nanu, Vroni, du weißt doch den Straßennamen ganz gewiss?«, wollte mir Frau Zeidler weiterhelfen.

Da ich bei uns aber noch nie einen Straßennamen gehört hatte und eine Hausnummer erst recht nicht, behauptete ich einfach: »Bei uns gibt es keine Straßennamen.«

»Ja, so was!«, wunderte sich die Lehrerin. »Wie kann euch denn dann der Postbote finden?«

»Das ist ganz einfach. Bei uns hat jeder Hof einen Namen, und die kennt er alle.«

»Interessant!«, staunte die Lehrerin, und alle Kinder staunten mit. »Und würdest du uns bitte euren Hofnamen verraten?«, bat Frau Zeidler.

»Ich wohne auf dem Weiherhof. Der heißt so, weil es hinter unserem Haus einen Weiher gibt.«

»Auf dem Weiherhof?«, wiederholte ein kleines Mädchen keck. »Bist du vielleicht das böse Weib vom Weiherhof?«

Noch bevor mir darauf eine Antwort einfiel, griff die Lehrerin ein: »Aber Bärbel, wie kommst du denn darauf?«

»Meine Mama hat sich mit der Nachbarin unterhalten. Da habe ich gehört, wie sie von einem bösen, zänkischen Weib gesprochen haben, das auf dem Weiherhof wohnt.«

»So, so, haben sie das? Damit haben sie aber gewiss nicht die Vroni gemeint. Die ist ein ganz braves Kind, das seht ihr doch selbst. Ihr solltet besonders nett zu ihr sein. Sie hat nämlich vor einigen Monaten ihre Mutter verloren.«

»War das durch einen Autounfall?«, wollte einer der Buben wissen. »Ja«, antwortete Frau Zeidler.

»Woher weißt du das?«

»Mein Papa hat mir davon erzählt. Er ist nämlich Polizist und musste nach dem Unfall den Verkehr regeln.«

So stand ich mit einem Schlag im Mittelpunkt des Interesses. Denn auch andere Kinder hatten zu diesem Thema etwas beizusteuern, das sie daheim aufgeschnappt hatten.

So viel Aufmerksamkeit passte mir gar nicht, zumal ich auch nicht in der Lage war, die vielen Fragen zu beantworten. Als das Klingelzeichen das Ende des Unterrichts ankündigte und meine Mitschüler wie ein aufgescheuchter Bienenschwarm nach draußen drängten, atmete ich auf.

Doch tagelang ging mir das »Das böse Weib vom Weiherhof« nicht aus dem Kopf. Was war daran? Gab es so ein böses Weib? Danach musste ich unbedingt meinen Papa fragen. Zu niemand anderem hatte ich genügend Vertrauen, um so eine Frage zu stellen. Bei seinem nächsten Besuch überfiel ich ihn gleich: »Wer ist das böse Weib vom Weiherhof?«

Er stutzte einen Moment, dann wollte er wissen: »Wie kommst' denn auf so was?«

Nun berichtete ich ihm von der kleinen Szene in der Schule.

»So ein Schmarrn!«, reagierte er darauf bestürzt, zu heftig, für mein Gefühl. Es schien mir, als wolle er dieses Wort aus meinem Kopf verbannen. Daher setzte es sich bei mir erst recht fest. Gleichzeitig erkannte ich an seiner Reaktion, dass von seiner Seite keine Aufklärung zu erwarten war. Also machte ich mir meine eigenen Gedanken. Hatte der Papa deshalb so abwehrend reagiert, weil das böse Weib vielleicht meine Mutter gewesen war? Sagte er mir deshalb nicht die Wahrheit über das böse Weib, weil er in mir das Andenken an meine Mutter nicht trüben wollte? Aber nein, mit dem bösen Weib konnte unmöglich meine Mutter gemeint sein. Sie war immer lieb und nett zu uns gewesen. Doch die Gedanken des kleinen Mädchens Vroni machten weiterhin seltsame Sprünge: War die Mama vielleicht nur zu Hause zu uns Kindern lieb und freundlich gewesen und hatte sie sich den Dorfleuten gegenüber als böse und zänkisch gezeigt? Tagelang trug ich diese Gedanken mit mir herum. Das belastete mich deshalb besonders, weil ich mit niemandem darüber sprechen konnte.

Eines Tages blitzte ein neuer Gedanke in mir auf. War mit dem bösen Weib vielleicht die Kathi gemeint, die Frau, die mit uns lebte und die wir »Oma« nannten? Doch schon bald verwarf ich auch diesen Gedanken wieder. Die Oma war wirklich lieb zu uns, sie konnte unmöglich damit gemeint sein. In der festen Überzeugung, dass ich dieses Geheimnis eines Tages doch noch lüften würde, vergrub ich den Gedanken an die geheimnisvolle Frau in meinem Herzen.

In der Schule, wenn wir besonders brav waren, las uns die Lehrerin gegen Ende des Unterrichts ein Märchen vor. In manchen war die Rede von einer bösen Frau, zum Beispiel bei »Rapunzel« oder bei »Dornröschen«.

Also war ich mir bald sicher, dass »Das böse Weib vom Weiherhof« in den Bereich der Märchen gehörte und war einigermaßen beruhigt. Weil wir für meinen Geschmack viel zu selten Märchen vorgelesen bekamen, wünschte ich mir zu Weihnachten von meiner Patin, nach meinem Wunsch befragt, ein Märchenbuch, obwohl ich noch gar nicht richtig lesen konnte. Es sollte aber eines sein, das genau so war wie jenes von Frau Zeidler. Meine Tante muss sich wirklich die Mühe gemacht haben, bei meiner Lehrerin nachzufragen, aus welchem Buch sie uns Märchen vorlese.

Denn genau so ein Buch lag Weihnachten auf dem Gabentisch. Begeistert blätterte ich darin herum und erfreute mich vorerst an den bunten Bildern. Einige Wochen nach Weihnachten, als wir alle Buchstaben kannten, machte ich erste

Leseversuche in meinem Märchenbuch. Von Tag zu Tag wurde ich im Lesen sicherer. Durch dieses ständige freiwillige Üben war ich bald die beste Leserin der ganzen Klasse.

»Das böse Weib vom Weiherhof« fand ich allerdings nicht in meinem Buch. Schon schlich sich wieder ein neuer »alter« Gedanke in meinen Kopf: Wenn das böse Weib keine Märchengestalt war, dann musste es doch in Wirklichkeit existieren. War vielleicht doch die Kathi dieses böse Weib? Von der Zeit an beobachtete ich sie misstrauisch, ob sich nicht vielleicht ein Anhaltspunkt finden ließe, der sie als das böse Weib vom Weiherhof verrate. Doch so sehr ich jedes Tun und jedes Wort von ihr kritisch beleuchtete, es gelang mir nicht, etwas zu entdecken, das sie als das böse Weib entlarvte. Schließlich gab ich das Detektivspielen wieder auf. Es gab so viele interessante Dinge, denen ich meine Aufmerksamkeit zuwenden konnte.

Statt des bösen Weibes vom Weiherhof waren mir eine ganze Reihe anderer böser Frauen in meinem Märchenbuch begegnet. Bei näherem Hinsehen fiel mir auf, dass dies alles Stiefmütter waren, zum Beispiel bei »Frau Holle«, bei »Schneewittchen«, bei »Hänsel und Gretel«, bei »Brüderchen und Schwesterchen« und bei »Aschenputtel«.

Von da an überfiel mich eine neue Sorge. Mein Papa war doch auch verwitwet. Wenn der auf die Idee käme, wieder zu heiraten, dann hätten wir auch eine Stiefmutter. Dieser Gedanke war für mich so schrecklich, dass ich fortan jeden Abend betete: »Lieber Gott, mach, dass mein Papa nicht wieder heiratet.«

Gott schien meine Gebete erhört zu haben, denn so sehr ich auch aufpasste, ich konnte nichts Verdächtiges beobachten.

Tauziehen um die Halbwaisen

Nun komme ich zu einem Thema, wovon mir mein Vater erst viele Jahre später erzählt hat. Aber es passt genau an diese Stelle. In diesem Kapitel habe ich sogar eine Hauptrolle gespielt, ohne es tatsächlich begriffen zu haben.

Kaum dass unsere Mutter begraben war, ging das Tauziehen um uns arme Halbwaisen los. Jedes Mal, wenn der Vater am Wochenende von Murnau kam und wir dachten, er habe nun Zeit, um mit uns zu spielen, überfiel ihn gleich die eine oder andere Frau. Zunächst befürchtete ich, sie würden sich auf ihn stürzen, weil sie ihn heiraten wollten. Doch sie hatten ganz andere Absichten. Ihr Interesse galt nicht dem Vater, sondern uns Kindern. Dabei hatten sie recht unterschiedliche Vorstellungen. Die eine wollte mich und eine andere meine Schwester Marlene. Die Nächste war an uns beiden gemeinsam interessiert. Eine Vierte hatte es auf unseren Bruder abgesehen, und um unsere Jüngste bewarb sich gleich eine ganze Handvoll Frauen. Sie waren deshalb so wild auf die Renate, weil sie meinten, ein so kleines Kind gewöhne sich schneller ein. So verschieden ihre Wünsche auch waren, sie hatten eines gemeinsam: Sie alle redeten meinem Vater ein, ein Querschnittsgelähmter, noch dazu ein Mann, könne unmöglich seine Kinder allein aufziehen. Bei einigen mag tatsächlich Mitleid mit dem armen Witwer und seinen Kindern eine Rolle gespielt haben. Bei den meisten aber vermutete er Eigennutz. Seiner Meinung nach war man darauf aus, ohne viel Mühe an so nette, wohlerzogene Kinder zu kommen. Weil er sich dieser Frauen nicht anders zu erwehren wusste, erklärte er einer nach der anderen: »Es ist mir klar, dass ich mich nicht so um meine Kinder kümmern kann, wie es notwendig wäre. Da sie aber altersmäßig so dicht beieinanderliegen und deshalb sehr aneinander hängen, habe ich nicht das Herz, sie auseinanderzureißen. Wenn'st sie alle vier nimmst, kannst sie haben.«

»Um Gottes Willen, nein!«, rief jede aus. Die eine erklärte zusätzlich: »Nein, sieben Kinder wären mir zu viel. Ich habe selbst drei Buben, da würde halt ein Mäderl wie die Vroni gut dazu passen. Aber vier zusätzliche Kinder! – Wo denkst du hin?«

»Du musst ja nicht«, lächelte der Vater spitzbübisch trotz der ernsten Situation.

Die nächste schlug die Hände zusammen: »Ach, du liebe Zeit, was soll ich denn mit vier

Kindern? Eines wäre mir genau recht, und zwar der Bub. Wir brauchen nämlich einen Erben. Er würde es bei uns gut haben. Wir würden ihn adoptieren, und er bekäme später unsere Firma.« Der Vater zuckte mit den Schultern. »Tut mir leid, meine Kinder gibt's nur im Viererpack, einzeln gebe ich sie nicht her.«

»Nein, nein«, rief eine andere auf Vaters Vorschlag aus, die gern die Renate haben wollte. »Ich möchte doch nicht *vier* Kinder! *Ein* kleines Hascherl tät mir grad genügen. Die Renate wär noch jung genug, dass ich sie nach meinen Wünschen erziehen könnte.«

Einer anderen Frau gelang es tatsächlich, meinen Vater so lange zu beschwatzen, bis er ihr die Marlene und mich probeweise mitgab. Die Frau wohnte im selben Ort wie wir. Glücklich nahm sie uns bei der Hand. Während wir uns in Richtung ihres Hauses bewegten, schlug sie vor, wir sollten sie Tante Helga nennen. Sie wohnte im letzten Haus des Dorfes. Als es Zeit fürs Nachtessen war, tischte sie gehörig auf, für sich, ihren Mann und uns. Einen ganzen Teller voll Aufschnitt stellte sie hin, dazu Brezen, Butter und saure Gurken. So etwas hatte es bei uns daheim noch nie gegeben. »Langt's nur fleißig zu«, ermunterte uns der Mann, zu dem wir Onkel

Heini sagen sollten. Das Schönste aber kam noch: »Mögt's an Kakao?«, fragte Tante Helga.

Und ob wir den mochten! Ich wusste zwar nicht, worum es sich handelte, aber da ich schon als Kind allem Neuen gegenüber aufgeschlossen war und da das Wort gut klang, nickte ich eifrig, und meine kleine Schwester tat es mir gleich. Die Frau nahm aus dem Schrank zwei Bechertassen. »Da schaut's her, Kinder. Die Haferl hab ich extra für euch gekauft. Davon darf sich jedes eines aussuchen.«

Das taten wir dann auch. Zum Glück hatten Marlene und ich nicht den gleichen Geschmack, sodass es keinen Streit gab. Ich wählte das Haferl mit dem Marienkäfer und Marlene das mit dem Frosch.

»Merkt's euch gut, wem welche Tasse gehört«, ermahnte uns die Tante. »Ihr dürft jetzt jeden Tag aus dieser Tasse trinken.«

Was für ein Angebot!

Der Kakao, den sie danach in die Haferl einschenkte, schmeckte wirklich himmlisch. Daheim hatten wir immer nur normale Kuhmilch bekommen. Nach dem Nachtessen führte uns die Frau in eine Kammer. »Da, schaut's her! Für jedes habe ich ein Bett frisch hergerichtet.«

Wir schliefen auch wirklich gut darin. Am

nächsten Morgen gab es wieder Kakao, dazu Butterbrote mit Himbeermarmelade. »Selbst gepflückt«, erklärte die Hausfrau stolz. Wir langten tüchtig zu, zumal uns Onkel Heini wieder ermuntert hatte: »Esst's fleißig, damit ihr groß und stark werdet.«

Dann durften wir in den Hof zum Spielen. Wir spielten aber nicht, sondern hielten eine Lagebesprechung ab. Nach kurzer Zeit kamen wir überein, dass es hier fad sei, trotz der frisch bezogenen Betten, trotz der neuen Tassen, trotz Kakao. Wir fassten uns an den Händen und wanderten frohgemut heimwärts. Der Papa schloss uns herzlich in die Arme und gab zu: »Das hab' ich mir gedacht, dass ihr bald wiederkommt.«

Wenig später erschien die Frau völlig außer Atem in unserer Küche. »Gott sei Dank, da seid ihr ja«, keuchte sie, als sie uns wohlbehalten am Tisch sitzen sah. »Ich hab' mir recht Sorgen gemacht«, erklärte sie dem Vater. »Sie hätten ja entführt sein können. Man hört immer wieder, dass Zigeuner gerne blonde Madeln stehlen.«

Nach dieser allgemeinen Rede richtete sie das Wort direkt an uns: »Los, Madeln, kommt mit!« Wir machten aber keine Anstalten dazu. Ängstlich hielten wir uns an den Händen und schüttelten den Kopf.

An unserer statt ergriff der Vater das Wort: »Lass gut sein, Huberin, du siehst selbst, die Dirndl wollen net, und zwingen mag ich sie net.« Ob sie in Zukunft selbst ihren Kakao aus den schönen neuen Tassen getrunken hat?

Die Renate, unsere Jüngste, hat der Papa auch mal probeweise weggegeben. Aber nicht nur, damit die Familie ausprobieren konnte, ob sie mit dem Kind klarkomme, sondern auch, weil er herausfinden wollte, ob er ohne sie leben mochte. Dann gab es noch einen dritten Grund, das war der Hauptgrund. Einer unserer Onkel wollte mit Papa und uns drei »Großen« zum Volksfest in einem Nachbarort. Seit unser Bruder Gregor mittags nicht mehr schlafen musste, gehörte er zu den Großen. Die kleine Renate aber brauchte noch ihren Mittagsschlaf. Den hätte sie auf dem Volksfest schlecht halten können. Der Vater wollte aber die Oma nicht über Gebühr belasten. Sie hatte schon die ganze Woche über die Mühe mit uns, deshalb packte ihn der Ehrgeiz, sich an seinem »freien« Wochenende selbst um seine Kinder zu kümmern. Da passte es ihm gerade, dass eine Frau aus Pfaffenhofen, die daran interessiert war, die Kleine zu adoptieren, sie für ein paar Stunden »ausprobieren« wollte.

Nach unserer Rückkehr war die Frau ganz begeistert, wie lieb und pflegeleicht doch das Mädchen sei, sie wolle es unbedingt bald adoptieren. Der Papa aber, glücklich, seine Kleine wieder in seine Arme schließen zu können, erklärte: »Sei mir net bös', aber aus der Adoption wird nichts. Ich kann das Kind nicht hergeben. Du kannst sie höchstens mal wieder in Pflege nehmen.« Das wollte sie aber auch nicht.

Für jedes von uns gab es also Familien, die brennend an uns interessiert waren. Wenn die Leute den Papa mit dem Argument überreden wollten, er solle doch froh sein, wenn ihm die Sorge für die Kinder abgenommen würde, meinte er, das sei kein Problem. Er habe ja die Kathi im Haus, und die käme mit den Kindern ganz gut zurecht.

»Dass du keine Bedenken hast, deine Kinder der Kathi anzuvertrauen, wundert mich«, entgegnete eine Frau vielsagend. »Aber du musst ja wissen, was du tust.« Ihre Worte machten mich hellhörig. Wieso sollte der Papa Bedenken haben? War die Kathi vielleicht doch das böse Weib? Vielleicht war sie ja nur zu uns nett, und bei den Dorfbewohnern zeigte sie ihre böse Seite?

Bei einer anderen Frau schnappte ich auf: »Dass du deine Kinder von der Kathi aufziehen lassen willst! Das kann ich nicht verstehen.« Am liebsten hätte ich sie gefragt, warum sie das nicht verstehe, aber ich traute mich nicht. Ihre Bemerkung schien ebenfalls darauf hinzudeuten, dass etwas mit der Kathi nicht so war, wie es sein sollte. Deshalb beobachtete ich sie noch aufmerksamer als zuvor. Doch es gab nie ein böses Wort von ihr, kein böses Tun. Sie achtete zwar streng darauf, dass wir unsere kleinen häuslichen Pflichten erledigten, dass wir uns ordentlich wuschen und die Zähne putzten, aber das hatte unsere Mama auch getan. Da die Oma Kathi also weiterhin liebevoll für uns sorgte, konnte mir das eigentlich egal sein. Nur war ich neugierig und hatte den Ehrgeiz herauszufinden, was dahinter steckte. Dazu musste ich Geduld haben. Eines Tages würde für mich das Geheimnis bestimmt gelüftet, genauso wie das vom Christkind und vom Osterhasen.

Auf Papas Antworten, die er den Frauen gab, achtete ich ebenfalls genau. Sie waren so neutral, dass man nichts Verdächtiges heraushören konnte.

Einmal schlug eine Frau, die ihm auch unbedingt eines seiner Kinder abschwatzen wollte, einen anderen Ton an: »Gewiss, du hast noch die Kathi. Aber wer weiß, wie lange sie das noch machen kann. Sie ist auch nicht mehr die Jüngste. Du weißt nicht, wie lange sie das durchhält.«

»Ein paar Jahre wird sie das noch schaffen«, pflegte er optimistisch zu antworten. »Und danach sind sie aus dem Gröbsten raus. Dann brauchen sie keine Pflege mehr, stattdessen können sie dann mich pflegen und die Kathi dazu.«

Vielleicht hatte ich in die Bemerkungen der Frauen auch zu viel hineingeheimnisst. Am besten war es, ich würde das Ganze vergessen.

Solange der Vater nur an den Wochenenden auf Besuch bei uns weilte, erschien es ihm verhältnismäßig einfach, sich um seine Familie zu kümmern. Als er aber Ende Oktober aus dem Krankenhaus entlassen wurde, merkte er erst, welche Belastung es bedeutete, vier kleine Kinder zu versorgen, wenn man auf den Rollstuhl angewiesen war.

Bereits am folgenden Tag fuhr der Vertreter eines Autohauses mit einem brandneuen Wagen bei uns in den Hof. Es war ein Auto, das eigens für Menschen mit Querschnittslähmung konstruiert war. Der Papa hatte es schon vor längerer Zeit telefonisch bestellt. Nun setzte sich der Händler mit ihm in den Wagen, um ihn in das Fahren mit dieser Sonderkonstruktion einzuweisen. Gescheit, wie mein Papa war, hatte er den Dreh schnell heraus. Er fuhr mit dem Autoverkäufer einige Runden, dann durften wir uns alle zu einer Probefahrt hinten in den Wagen setzen. Ja, war das lustig!

Schon am nächsten Tag bestürmten die Leute unseren Vater noch massiver, er möge doch seine Kinder hergeben. Daher befand er sich bald auf einer seelischen Berg- und Talfahrt. In ihm stritten sich widersprüchliche Gefühle: Wenn ich die Kinder abgebe, bin ich die Verantwortung für sie los, dann wird mein Leben mit Sicherheit einfacher. – Nein, du darfst sie nicht auseinanderreißen. Sie liegen altersmäßig so dicht beisammen, dass sie ein sehr herzliches Verhältnis zueinander haben. – In einer neuen Familie werden sie es gewiss gut haben. Sie werden ihnen mehr bieten können, als ich das kann. Sie sind noch so jung, dass sie sich bei Fremden schnell eingewöhnen werden. – Dann überfiel ihn ein ganz egoistisches Motiv: Wenn die Kinder jetzt aus dem Haus gehen, bin ich ganz allein. Dann habe ich niemanden mehr. Auch wenn ich sie nur in Pflege gebe, werde ich später niemanden mehr haben, sie würden mir fremd.

Während er innerlich noch völlig zerrissen war, hatte er ein Erlebnis, das ihn vollends aus der Bahn warf. Es war Anfang November, am frühen Nachmittag. Unsere Kleine schlief, und wir anderen spielten draußen mit Nachbarskindern. Der Vater saß in der Stube, die Tür war nur angelehnt. Ich beobachtete, dass eine Frau das Haus betrat, die schon mehrmals da gewesen war, weil sie unbedingt die Renate haben wollte. Da traf sie im Hausgang auf die Kathi und fand ein offenes Ohr: »Ich verstehe gar nicht, warum der Gregor so stur ist. Wenn er wenigstens die Kleine hergeben würde, dann hätte er es doch leichter. Bei mir wäre das Kind bestens aufgehoben. Ich würde es halten wie eine Prinzessin.«

»Das kann ich mir gut vorstellen«, pflichtete die Oma ihr bei. »Ich kann ihn auch nicht verstehen, dass er sich so stur stellt.«

»Meinst nicht«, säuselte die Frau, »du könntest mal beim Gregor ein gutes Wort für mich einlegen, dass er mir das kleine Dirndl gibt?«

»Versuchen könnte ich's ja«, antwortete die Angesprochene geschmeichelt. »Viel wird's aber nicht helfen. Wie ich den kenne, beiße ich da auf Granit. Er bildet sich ein, er könnte vom Rollstuhl aus die Kinder aufziehen. Dabei ist er doch selbst auf Hilfe angewiesen. Für seine Frau war es das Beste, dass sie gestorben ist. Was hätte denn die mit einem Krüppel wollen?«

»Das stimmt«, antwortete die Fremde. »Was hätte sie denn von ihm noch gehabt?«

Nachdem Gregor dieses Zwiegespräch zufällig

mitbekommen hatte, war er so verzweifelt, dass er dachte: Sie haben recht. Ich bin tatsächlich ein armer Krüppel und zu nichts nutze. Meine Frau hätte wirklich nichts mehr von mir gehabt, und für meine Kinder bedeute ich nur eine Last. Was haben sie denn davon, dass ich mich an sie hänge? Ich wäre ihnen doch bis ans Ende meines Lebens nur ein Klotz am Bein. Es ist wohl gescheiter, ich verschwinde aus ihrem Leben. Dann ist ihr Weg frei für eine sorglose Zukunft. Die Kathi wird sie schon an die richtigen Leute verteilen. Dann hat jedes die Chance, sich frei zu entfalten.

Mit den Kindern kann ich also nicht leben und ohne sie mag ich nicht leben. So reifte an diesem Nachmittag in ihm ein Plan.

Am Abend, wir Kinder lagen schon in unseren Betten, rollte er aus dem Haus und stieg in sein Auto. Dann fuhr er hinaus zu den Hopfengärten, die um diese Jahreszeit kahl und verwaist daliegen und einen traurigen Anblick bieten. Zielstrebig fuhr der Vater genau zu dem Hopfengarten, in dem er ein halbes Jahr zuvor verunglückt war. Es war, als suchte er dort Hilfe oder eine Antwort auf seine verzweifelten Fragen. Wahrscheinlich dachte er: Du hast mir das angetan, jetzt kannst du auch dein Werk vollenden und mich von allem Kummer erlösen.

Er fuhr ganz dicht an eine Säule heran, ergriff den herunterhängenden Draht, legte ihn sich um den Hals und bildete eine Schlinge, um seinem Leben ein Ende zu bereiten. In dem Moment, als er Gas gab und das Auto einen Satz nach vorn machte, riss der Draht.

Nach diesem Fehlschlag ließ Gregor entmutigt seine Arme auf das Lenkrad sinken, legte seinen Kopf darauf und weinte bitterlich. Als er keine Tränen mehr hatte, begann sein Gehirn wieder zu arbeiten. Noch nicht mal das kannst du, haderte er mit sich selbst. Was bist du doch für ein armseliger Mensch geworden. – Wenig später gingen seine Gedanken in eine andere Richtung: Der liebe Gott wollte mich noch nicht haben. Er hat den Draht reißen lassen, weil ich noch Aufgaben zu erfüllen habe.

Über all dem Grübeln war es spät geworden und stockdunkle Nacht. Ihm wurde allmählich kühl im Auto. Nach Hause traute er sich aber nicht. Dazu war er noch viel zu aufgewühlt. Also kurvte er die ganze Nacht in der Gegend herum.

Am folgenden Morgen, als ich den Papa nicht in der Küche fand, suchte ich ihn überall und machte das ganze Haus rebellisch. Opa entdeckte dann, dass der Rollstuhl verlassen im Hof stand und das Auto weg war. Nun trommelte er die Nachbarn zusammen, damit sie ihm bei der Suche helfen sollten. Doch noch ehe die Suchaktion begann, es war mittlerweile neun Uhr geworden, fuhr der Papa in den Hof ein, wo bereits eine Menge Leute versammelt waren. Die bestürmten ihn sogleich mit Fragen: »Wo warst du?« – »Was hast du gemacht?« – »Warum bist du heimlich verschwunden?« – »Warum hast du niemandem Bescheid gesagt?«

Er aber schwieg zu allem. Er schwang sich in seinen Rollstuhl und begab sich ins Haus. Nach einer halben Stunde rief er so fröhlich, wie ich ihn schon lange nicht mehr gesehen hatte: »Los, Kinder, ab ins Auto. Wir fahren zur Kirche.« Es war nämlich Sonntag und höchste Zeit, wie jeden Sonntag ins Nachbardorf zum Gottesdienst zu fahren. Oma hatte uns wie üblich die Sonntagsgewänder angezogen und uns gekämmt. Wir hüpften also alle ins Auto und drängten uns auf dem Rücksitz zusammen. Wie immer schob Opa den Rollstuhl ins Haus, nahm mit Oma in seinem eigenen Wagen Platz und fuhr uns voraus. Im Kofferraum seines Wagens hatte Papa einen zweiten Rollstuhl. Diesen lud Opa auf dem Kirchplatz aus, schob ihn neben Vaters Autotür, sodass der sich nur hineinzuschwingen brauchte. Nach dem Gottesdienst verlief das Ganze in umgekehrter Reihenfolge.

Heute bin ich überzeugt davon, nur durch seinen regelmäßigen Gottesdienstbesuch und sein vieles Beten fand der Vater die Kraft zum Weiterleben. Ihm wurde von oben eine Hilfe zuteil, ohne die er sein schweres Schicksal nicht hätte tragen können und ich auch nicht. Denn sein Schicksal war schließlich auch das meine. Als Älteste der Kinderschar wurde mir nicht nur mehr aufgebürdet als den anderen, ich fühlte mich auch für alle verantwortlich. Gottes Hilfe war für uns dringend nötig, denn es sollten noch weitere schwere Tage auf uns zukommen.

Aber vorerst, es war noch am selben Sonntag nach dem Mittagessen, sprach Papa im Beisein von uns Kindern zu Kathi ein Machtwort: »Damit du dich auskennst, du brauchst mir niemanden mehr zu schicken, der mir meine Kinder abschwatzen will. Du fängst jeden an der Tür ab und schickst ihn heim. Damit du es ein für allemal weißt: Ich gebe keines von meinen Kindern her. Und wenn man mit Gold dafür bezahlen würde.«

Das Leben geht weiter

Als uns die Leute endlich in Ruhe ließen, verlief unser Leben eine Zeit lang in ruhigen Bahnen. Für mich war es ganz normal, einen Vater zu haben, der im Rollstuhl saß. Mittlerweile hatte ich ganz vergessen, dass es vorher mal eine Zeit gegeben hatte, in der es anders gewesen war. Mir erschien es auch ganz normal, dass keine Mama da war. Ich war zu Vaters rechter Hand, besser gesagt zu seinen beiden Beinen geworden. Für ihn musste ich nämlich viele Wege gehen. Wenn er mit dem Auto zum Einkaufen fuhr, nahm er mich immer mit. Vor den Läden hielt er an, stieg aber nicht aus, weil das für ihn zu mühsam und zu umständlich gewesen wäre. Mit einem Einkaufszettel bewaffnet, bin ich zum Metzger hinein, zum Bäcker, in den Lebensmittelladen, ja sogar in die Bank, um Einzahlungen zu machen oder um Geld abzuheben. Das ging ganz einfach per Scheck, den er vorher ausgestellt hatte.

Auch war ich zu seiner Vertrauten geworden. Mit mir besprach mein Vater Dinge, die den Haushalt betrafen und mit der Erziehung seiner Kinder zu tun hatten. Bisher war es in unserem Dorf nicht üblich gewesen, Kinder in den

Kindergarten zu schicken. Erstens gab es bei uns keinen, und zweitens war in den bäuerlichen Betrieben meist jemand da, der sich um die Kinderschar kümmerte, eine Oma, eine Tante oder eine ältere Tochter, die als Kindsmagd fungierte. Natürlich hätte man die Kinder in einen größeren Nachbarort bringen können, der bereits einen Kindergarten eingerichtet hatte. Aber das wäre ein Transportproblem gewesen. Also ließ man alles, wie es immer gewesen war, bis zum Jahre 1973. Plötzlich kam jemand von den Dorfbewohnern auf die Idee, man könne die Kleinen unserer Gemeinde nach Eschelbach in den Klosterkindergarten schicken. Inzwischen hatte sich nämlich einiges geändert. Zum einen waren die Familien nicht mehr so kinderreich, zum anderen gab es in den Familien kaum noch jemanden, der die Kleinkinder hätte betreuen können, und ein Transportproblem existierte auch nicht mehr. Inzwischen hatte ja fast jeder Bauer ein Auto.

»Sollen wir da mitmachen?«, fragte mein Vater, als Anfang Januar die Geschichte zur Sprache kam.

»Natürlich, Papa. Im Kindergarten sind unsere Kleinen gut aufgehoben und du hast es leichter.«

Vater lud also seine ganze Kinderschar ins Auto und fuhr zum Kloster, um seine Sprösslinge anzumelden. Die Schwester am Empfang bekam gleich einen Schreck: »Was, vier auf einmal?«

»Nein, nein«, beruhigte der Vater sie. »Die Große geht schon in die Schule, und die Kleine werden Sie noch nicht nehmen, die ist ja noch nicht mal zwei Jahre alt.« Als die Schwester die Personalien aufnahm, stutzte sie: »Ihre Frau ist doch im letzten Jahr tödlich verunglückt, und Sie sind querschnittsgelähmt«. Der Vater nickte. »In diesem Fall würden wir eine Ausnahme machen und die Kleine auch schon nehmen.«

»Das wäre natürlich eine große Erleichterung für mich. Aber werden dann nicht die anderen daherkommen und verlangen, dass Sie deren Zweijährige auch nehmen?«

»Machen Sie sich deswegen keine Sorgen, Herr Niedermeier. Alle haben aus der Zeitung von Ihrem tragischen Schicksal erfahren. Deshalb wird jeder Verständnis aufbringen.«

Das Transportproblem war ebenfalls schnell gelöst. Damit nicht jeder täglich sein Kind nach Eschelbach bringen musste, bildeten die betreffenden Familien Fahrgemeinschaften. Reihum übernahm jede Woche eine andere

Familie den Fahrdienst, wobei sie meinen Vater ausklammern wollten. »Aber warum?«, beschwerte er sich. »Ich kann die Kinder doch genauso gut zum Kindergarten bringen wie die anderen.« Für ihn war es wichtig, nicht ausgegrenzt zu sein, eine Aufgabe zu haben, wie andere Leute auch. Und wirklich, er machte seine Sache gut. In punkto Zuverlässigkeit und Pünktlichkeit stand er den anderen in nichts nach. Und die lieben Kleinen fuhren mit ihm ebenso gerne wie mit den Müttern.

Als Älteste hatte ich natürlich auch zu Hause eine ganze Menge Aufgaben, und das alles neben der Schule. Anfangs war ich stolz darauf und erledigte sie spielerisch. Doch es kam eine Zeit, da fühlte ich mich überfordert, besonders wenn schönes Wetter war und die anderen Kinder draußen spielten. Manches Mal habe ich geweint. Der Papa saß dann hilflos neben mir und entschuldigte sich gewissermaßen: »Ja, Dirndl, es tut mir furchtbar leid, dass ich dich so belasten muss. Aber was soll ich denn machen?«

Tröstend schloss er mich in die Arme, dann hielt ich wieder eine Weile durch. Manchmal beteten wir auch gemeinsam. Danach fühlte ich mich auf wundersame Weise gestärkt und ging alles mit neuem Mut an.

Überhaupt Beten! Ich glaube, es war das, was dem Vater über so manche Verzweiflung hinweggeholfen hat. Wie er mir schon früh anvertraute, schlief er keinen Abend ein, ohne vorher seine Sorgen in Gottes Hände gelegt zu haben. Und jeden Morgen beim Aufwachen betete er um Kraft für den neuen Tag. Diesen Brauch habe ich bereits als Sechsjährige übernommen. Und zwischendurch, wenn mir untertags etwas zu hart war, schickte ich ein Stoßgebet zum Himmel, dann war es mir wieder leichter.

Außerdem war ich so weitblickend, mir bald die Marlene als Hilfskraft »abzurichten«. Auf Hochdeutsch würde man sagen: heranzubilden. Das hatte nicht nur den Vorteil, dass ich dann mit meinen Arbeiten schneller fertig war, sie konnte auch mal einspringen, sollte ich verhindert sein.

Eine bedeutende Rolle in dieser schweren Zeit spielte unser Herr Pfarrer. Er war ein wirklicher Seelsorger, ja ich möchte sagen, er war sogar ein echter Leib- und Seelsorger. Seit mein Vater wieder zu Hause war, verging kaum ein Tag, an dem der Pfarrer nicht bei uns vorbeischaute. Für meinen Vater bedeutete er eine enorme seelische Stütze, und für uns Kinder war er ein vollgültiger Vaterersatz, jedenfalls, was das Herumtollen und Herumtoben betraf. Daran waren wir bis zu Vaters Unfall ja gewöhnt gewesen.

Dieser Pfarrer war ausgesprochen menschlich. Er verstand es, zu trösten wie kein anderer. Aber nicht mit frommen Worten, sondern mit brauchbaren Empfehlungen und Ratschlägen. Er war äußerst aufmerksam und sah, wo man zupacken musste. Entdeckte er zum Beispiel, dass der Kasten neben dem Herd fast leer war, schnappte er sich den Korb, trug Holz herein und packte den Kasten voll. Denn obwohl unser Haus zentral mit Öl beheizt wurde, hatten meine Eltern den Holzherd in der Küche beibehalten. Zum Weiherhof gehörte nämlich auch Wald, aus dem wir kostenloses Heizmaterial bezogen.

Kam der Pfarrer um die Mittagszeit, fragte er: »Habt's schon gegessen?«

Wenn wir verneinten, holte er Teller und Besteck aus dem Schrank, deckte den Tisch für alle und setzte sich dazu. Beim gemeinsamen Mahl hatte er für jeden ein freundliches Wort, auch für Oma und Opa. Deshalb begrüßten sie es ebenfalls, wenn sich der Pfarrer selbst zum Essen einlud. Vor und nach dem Essen sprach er mit uns das Tischgebet. Danach war er sich nicht zu schade, beim Abtrocknen zu helfen. Er räumte auch wieder säuberlich Geschirr und Besteck an seinen angestammten Platz. Fuhr er in die Stadt, fragte er jedes Mal bei uns an, ob er etwas mitbringen könne. Meist hatten die Großeltern oder der Vater einen kleinen Auftrag, so sparten sie sich die Extrafahrt nach Pfaffenhofen.

Als das erste Weihnachtsfest ohne Mutter nahte, war es der Pfarrer, der dafür sorgte, dass uns Kindern der Glaube erhalten blieb, das Christkind sei am Werk gewesen. Er veranlasste nämlich eine Nachbarin, während unserer Abwesenheit den Christbaum aufzustellen, den der Opa am Vorabend heimlich im Wald »besorgt« hatte. Mit den Christbäumen, das war so eine Sache. Das erfuhr ich aber erst, als ich schon wesentlich älter war. Jeder der Bauern besaß einen eigenen Wald und jeder hätte leicht in seinem Wald einen Christbaum schlagen können. Es war jedoch von alters her Tradition, dass der Christbaum »gestohlen« sein musste. Da sich aber jeder in einem fremden Wald »bediente«, ging es am Ende wieder auf.

Während unsere ganze »Familie« um 17 Uhr in der Christmette war, schmückte die Nachbarin sorgfältig den Baum und baute das Kripperl darunter auf. Nach der Heimkehr vom Gottesdienst servierte Oma zunächst in der Küche die obligatorischen Weißwürste mit Brezen und süßem Senf. Bald gesellte sich der Pfarrer zu unserer Runde. Nachdem wir gemeinsam das Dankgebet gesprochen hatten, durften wir in die Stube. Dort strahlten die Kinderaugen mit den Kerzen um die Wette. Der Pfarrer sang mit uns einige Weihnachtslieder, die er auf der Gitarre begleitete.

Obwohl der Gabentisch sehr bescheiden war, wenn ich das mit heutigen Verhältnissen vergleiche, waren wir glückliche Kinder. Voller Freude entdeckte ich das bereits erwähnte Märchenbuch. Für Marlene gab es ein kleines Malbuch mit bunten Stiften, für Bruder Gregor ein Blechauto mit Schlüssel zum Aufziehen und für die Jüngste eine Babypuppe aus anschmiegsamem Material. Zwischen den Geschenken stand ein Teller voller Platzerl, denen wir eifrig zusprachen. Die musste Oma heimlich am Abend in ihrer Küche gebacken haben. Für uns aber war klar, dass sie aus der Himmelsbäckerei stammten.

Dass sich von unseren Tanten und Onkeln am Heiligen Abend niemand blicken ließ, war verständlich. Sie hatten alle selbst Familien und feierten mit diesen. An den beiden Weihnachtstagen aber schaute der eine oder die andere vorbei und brachte eine Tüte Platzerl mit, was für uns sehr interessant war, denn jeder hatte andere Sorten dabei.

Mit seinem Besuch am Heiligen Abend hat der Pfarrer nicht nur uns eine Freude gemacht, sondern sich selbst auch. Er, der keine Familie hatte, genoss es sichtlich, den Kindertrubel zu erleben. Er muss so viel Freude daran gehabt haben, dass er »alle Jahre wieder« den Heiligabend mit uns feierte.

Nachdem mein Vater die erste schlimme Zeit überstanden hatte, kam der Pfarrer nicht mehr so häufig, er hatte ja auch noch andere Schäfchen zu betreuen. Meist kam er nur noch am Sonntagnachmittag. Bei schlechtem Wetter spielte er mit uns im Haus. Am Tisch spielten wir Watten, ein Kartenspiel, »Mensch ärgere dich nicht«, Memory und andere Gesellschaftsspiele. In der wärmeren Jahreszeit machte er bei schönem Wetter Ausflüge mit uns. Er kam dann mit einem Rucksack an, in dem sich alles befand, was man zu einem zünftigen Picknick braucht: Belegte Semmeln, eine Thermoskanne mit Tee, dazu Plastikbecher, Bananen oder Äpfel. Über dem Rucksack hatte er eine zusammengerollte Decke befestigt. Nachdem wir drei Großen ein ansehnliches Stück gewandert waren, breitete er die Decke auf einer Wiese oder auf einer Waldlichtung aus, dann machten wir uns begeistert über die Köstlichkeiten her. Anschließend spielten wir Verstecken, Fangermandl oder Blinde Kuh.

Auf diese Weise erlebten wir Kinder herrliche Nachmittage, und der Papa hatte ein paar erholsame Stunden.

Hinter unserem Hofgrundstück befindet sich, wie bereits erwähnt, ein Weiher, dem unser Hof seinen Namen verdankt. Der Weiher gehört uns nicht, er liegt auf dem Gemeindegrundstück, das an das unsere grenzt. Für Kleinkinder war dieser Weiher nicht ungefährlich. Deshalb hatte der Papa schon kurz nach meiner Geburt um den hinteren Bereich seines Grundstücks einen soliden Zaun aufgestellt, mit einem Törchen darin. Dieses war aber immer sorgfältig abgeschlossen, damit nur ja keines von uns auf die Idee kommen konnte, mal einen Ausflug zum Weiher zu machen.

Im Januar und Februar 1973 war es recht kalt, sodass der Weiher fest zugefroren war. Das lockte die Dorfjugend zum Eisstockschießen und zum Schlittschuhlaufen herbei. Am Abend fanden sich sogar erwachsene Männer zum Eisstockschießen ein. Es gab auch Kinder, die keine

Schlittschuhe hatten, diese schlitterten mit normalen Schuhsohlen über das blanke Eis. Oft stand ich am Zaun und schaute ihnen sehnsüchtig zu. Endlich fasste ich mir ein Herz und bat den Papa, das Törchen aufzuschließen, weil ich auch mal auf dem Eis rutschen wollte. Die Kinder schlitterten so leicht und unbeschwert, dass ich mir dachte, das könne ich ebenso gut.

Papa schloss es wirklich auf. Er meinte, um diese Jahreszeit bestehe keine Gefahr, dass eins von uns in den Weiher falle, weil der ja bis zum Rand eine dicke Eisdecke trug. Das Schlimmste, was passieren könne, sei, dass eines auf seinen Popo falle. Voller Vorfreude steuerte ich auf die spiegelblanke Fläche zu. Doch noch ehe ich sie richtig betreten hatte, landete ich schon auf meinem Allerwertesten. Es war gar nicht so einfach, wieder auf die Beine zu kommen, und ich plumpste noch mehrmals hin. Bald aber hatte ich den Dreh raus und schlitterte mit den älteren Kindern um die Wette, auf der langen Bahn, die sie sich am Rande des Eises »angelegt« hatten.

Da mir dieses Geradeausrutschen bald zu fad war, wollte ich auch Schlittschuhe haben, damit ich Kreise und Achten laufen konnte. Als ich diesen Wunsch dem Papa vortrug, meinte er: »Für dieses Jahr lohnt es sich nicht mehr. Das Eis wird bald schmelzen. Aber für nächstes Jahr solltest du dir Schlittschuhe beim Christkind bestellen.«

Das tat ich zu gegebener Zeit auch. Und richtig, an meinem Platz auf dem Gabentisch lagen schneeweiße, funkelnagelneue Schlittschuhe mit blitzenden Kufen. Ich konnte es kaum abwarten, bis der Weiher wieder zugefroren war und der Papa das Törchen öffnete. Wenn die anderen Kinder auf ihren Schlittschuhen so dahinglitten, sah das so leicht aus. Doch mit den Schlittschuhen an den Füßen machte mein Popo gleich wieder Bekanntschaft mit der Eisfläche. Mit den Schlittschuhen zu laufen, war doch etwas anderes, als mit normalen Schuhen zu schlittern. Aber schnell hatte ich auch diesen Bogen raus.

Am Weihnachtsfest des folgenden Jahres lagen für mich wieder nagelneue Schlittschuhe auf dem Gabentisch, und meine alten vererbte ich an Marlene weiter. Sie war bald eine ebenso begeisterte Eisläuferin wie ich. Auch in der Schule lief alles so, wie es laufen sollte, doch als ich in die dritte Klasse kam, wurde unsere Schule aufgelöst. Das geschah im Zuge der Gemeindereform. Man war der Ansicht, diese Grundschule lohne sich nicht mehr, da es immer weniger Schulkinder gab. Nach den Sommerferien wurden wir also alle nach Pfaffenhofen gekarrt. Nun war

Marlene als Erstklässlerin mit von der Partie. Waren wir in unserer alten Schule eine gemischte Klasse gewesen, so waren wir nun nach Buben und Mädchen getrennt. In Pfaffenhofen gab es nämlich eine eigene Mädchenschule und eine Bubenschule.

Im November 1974 begann für mich der Kommunionunterricht im Pfarrheim unserer Kirchengemeinde. Da ich aus unserem Dorf noch immer das einzige Kind in diesem Jahrgang war, kutschierte mich der Vater jede Woche einmal in den Nachbarort.

Meine Patin fuhr schon bald mit mir nach Pfaffenhofen, um das Kommunionkleid und alles, was ein Kommunionkind an Ausstattung sonst noch braucht, zu kaufen.

Am Sonntag nach Ostern, dem sogenannten Weißen Sonntag, war dann der große Tag. Wir waren zehn Kommunionkinder, genau fünf Buben und fünf Mädchen. Wir mussten paarweise in die Kirche einmarschieren. Da ich noch immer die Kleinste war, ging ich neben dem kleinsten Buben her. An mehr erinnere ich mich nicht von der kirchlichen Feier, dafür aber umso deutlicher an die Feier zu Hause. Zwei Nachbarinnen hatten das Kochen übernommen, weil ja Oma und Opa und alle Verwandten mit uns in der

Kirche waren. Es gab Kalbsnierenbraten, daran erinnere ich mich genau, weil das für mich ein so komisches Wort war. Dazu gab es Semmelknödel und Rotkraut, was ich nicht so besonders mochte. Dafür aber mochte ich die Nachspeise umso lieber, das war Karamellpudding. Heute kann ich mir gar nicht mehr vorstellen, wo die alle Platz gefunden haben, die ganzen Onkel, Tanten, Cousinen und Cousins.

Zwei Jahre danach war die Erstkommunion von Marlene. Da waren sie wieder alle da, sämtliche Geschwister vom Papa und von der Mama, mit ihren Nachkommen.

Im Jahr darauf wiederholte sich das bei Gregors Erstkommunion und wieder zwei Jahre später bei Renate.

Im Gegenzug waren wir aber auch bei allen Erstkommunionfeiern in der Verwandtschaft eingeladen. Ich fand das immer toll, egal, ob bei uns oder bei einer Tante gefeiert wurde, ich fühlte mich immer so richtig wohl im Kreise von Verwandten.

Aber nun zurück zu meiner schulischen Laufbahn. Nach zwei Jahren Grundschule in Pfaffenhofen stand schon wieder ein Schulwechsel an. Einige meiner Mitschülerinnen wechselten aufs Gymnasium und wir anderen auf die Hauptschule. Dort besuchten wir wieder eine gemischte Klasse.

Nach einem halben Jahr in der Hauptschule gab es Zwischenzeugnisse. Das meine war so gut ausgefallen, dass man ein Begleitschreiben hinzugefügt hatte. In diesem erklärte man dem Papa, ich sei so begabt, dass man mich fürs Gymnasium empfehle. Der Papa meldete mich umgehend dort an. Mehrere Schüler, auch aus anderen Orten, hatten ebenfalls eine solche Empfehlung bekommen. Natürlich konnte man uns Neulinge nicht in jene Klasse stecken, die bereits ein halbes Jahr vorher mit dem Gymnasium begonnen hatte. Dort hätten wir den Anschluss gewiss nicht geschafft. Als bunt zusammengewürfeltes Völkchen bildeten wir eine extra Klasse. Die Schüler kamen aus mindestens zwanzig Ortschaften und hatten zum Teil weite Anfahrten, der weiteste wohnte sechzig Kilometer entfernt. Dagegen konnte ich mich mit meinen sechs Kilometern Entfernung nicht beklagen.

Nun konnte ich auch endlich eine Freundschaft pflegen. In meinen bisherigen Klassen hatte ich zwar immer schnell eine Freundin gefunden, der Kontakt beschränkte sich aber auf Gespräche in der Pause oder im Schulbus. Nun jedoch war ich alt genug und so sicher auf dem Fahrrad, dass der Papa keine Bedenken mehr hatte, wenn ich gelegentlich nach Pfaffenhofen radelte. Meist fuhr ich an heißen Sommertagen zu meiner Freundin Ingrid, um mit ihr das Schwimmbad zu besuchen.

Papa reist nach Leningrad

Inzwischen waren anderthalb Jahre seit Papas schwerem Unfall vergangen, und er hatte sich einigermaßen mit seinem Schicksal abgefunden, da erhielt er einen Zeitungsbericht von Verwandten, die in München wohnten. Es war einer von vielen Berichten, die in jenen Tagen durch mehrere deutsche und amerikanische Zeitungen geisterten. Von einer sensationellen Operation in Leningrad, heute wieder St. Petersburg, war die Rede. Demnach war durch eine ganz neue Methode ein querschnittsgelähmter Mann wieder auf die Beine gekommen. Nachdem mein Vater diesen Artikel sorgfältig studiert hatte, glomm ein Hoffnungsschimmer in ihm auf. »Menschenskinder, das wär doch eine Möglichkeit für mich«, äußerte er sich euphorisch beim Nachtessen. »Vielleicht kann dieser Professor mir wieder auf die Beine helfen.«

Wir alle ließen uns von seinem Optimismus anstecken, wir Kinder und die Großeltern auch. Statt ins Bett zu gehen, redeten wir lange Zeit von nichts anderem. Auf einmal aber wurde der Papa ganz still und zeigte ein ernstes Gesicht.

»Was ist los?«, fragte ich. »Warum schaust du so traurig?«, fragte Marlene.

»Das mit Leningrad können wir vergessen.«

»Warum, Papa?«

»Was meint ihr, was so ein Flug kostet? Und die Behandlung im Krankenhaus erst! Das kann ich mir nie und nimmer leisten.«

Tief enttäuscht gingen wir alle zu Bett. Am nächsten Morgen wurde nicht mehr davon geredet.

Einige Tage später erhielt er einen Anruf von unserer Zeitung, dem ILMGAU KURIER, der ihn innerlich aufwühlte. Was war geschehen? Bei der Redaktion der Zeitung war ein Brief eingegangen von einer Frau aus Pirmasens, dem 50 DM beilagen. Die Frau schrieb, sie habe zufällig von dem harten Schicksal des Gregor Niedermeier erfahren und wolle ihm auf diese Weise ein bisschen helfen.

Durch diese Spende angeregt, entschloss sich der ILMGAU KURIER, zu einer Spendenaktion für Gregor Niedermeier aufzurufen. Denn auch dort hatte man von dem Professor in Leningrad gehört. Womöglich könne ihn eine Operation vor dem »lebenslänglich« im Rollstuhl bewahren. Innerhalb kurzer Zeit kam der stattliche Betrag von 86.000 DM zusammen. Für uns war es nicht nur hocherfreulich, sondern auch unglaublich, wie groß die Spendenbereitschaft der Menschen in unserer Region war.

Vermutlich würde die Summe reichen für die Reisekosten und die Behandlung des Patienten in Leningrad durch den berühmten Professor. Wie aber sollte es nun weitergehen? Der hohe Geldbetrag war das eine. Aber es galt ja auch, alles für die weite Reise und den Klinikaufenthalt zu organisieren.

Schon wenig später hatte sich aus beherzten Bürgern ein Gremium gebildet, das man heute als Bürgerinitiative, kurz BI, bezeichnen würde. Diese BI nahm die ganze Angelegenheit in die Hand. Sie verwaltete nicht nur das Spendengeld, sie kümmerte sich auch um die Realisierung der Reise. Zunächst einmal besuchte der Initiator, Fritz Küster, meinen Vater und unterbreitete ihm die gute Nachricht. Es versteht sich von selbst, dass Papa außerordentlich begeistert war und wir Kinder gleich alle mit. Herr Küster war es auch, da niemand aus dem Gremium Russisch konnte, der das Schreiben an den bewussten Professor in Englisch verfasste.

Nach einigen Wochen kam es zurück mit dem Vermerk, eine Untersuchung oder gar Behandlung durch den Professor bedürfe der Genehmigung des Gesundheitsministeriums in Moskau. Also wurde ein entsprechender Antrag nach Moskau geschickt. Dieser wurde abgelehnt mit dem Hinweis, dafür sei das Innenministerium zuständig. Also ein neues Schreiben an das Innenministerium. Von dort kam nach einer Ewigkeit die Antwort, für Ausländer sei das Außenministerium zuständig.

Also erging ein Ersuchen an das Auswärtige Amt in Bonn mit der Bitte um Vermittlung. Die Rückmeldung war niederschmetternd: Man unternehme keinen Vermittlungsversuch, weil ein solcher aussichtslos sei.

In dem Moment wollte mein Vater aufgeben, doch die BI gab sich nicht geschlagen. Er wurde gar nicht mehr gefragt. Man entschied alles über seinen Kopf hinweg. In einem neuen Brief schilderte man die Situation des Patienten wesentlich dramatischer und formulierte die Bitte mit mehr Nachdruck. Nun endlich setzte sich das Auswärtige Amt mit der Deutschen Botschaft in Moskau in Verbindung, und diese wiederum wurde beim dortigen Außenministerium vorstellig.

Eine neue große Enttäuschung für alle: Der Antrag wurde abgelehnt. Hatte man den Antrag in Moskau wirklich mit dem nötigen Nachdruck gestellt?, fragte sich die BI.

Nun kam das Gremium unter Leitung von Fritz Küster auf eine ganz verrückte Idee: Der Patient solle auf eine nicht ganz korrekte Weise dem Professor vorgestellt werden. Vielleicht ließe sich dieser dann erweichen und übernehme die Behandlung. Küsters Vorschlag: Gregor solle als ganz normaler Tourist nach Leningrad reisen und dort versuchen, bis zu Professor Ugrjumow vorzudringen.

Doch als schwerbehinderter Mensch konnte er eine solche Reise unmöglich allein antreten. Dazu brauchte er einen geeigneten Begleiter. Aus dem Kreis seiner Verwandten und Bekannten fand sich niemand, der bereit gewesen wäre, die Strapazen und gar die eventuellen Gefahren auf sich zu nehmen. Russland galt zu der Zeit bei uns Westeuropäern noch als nicht ganz geheuer. Alles, was man über dieses Regime zu lesen und zu hören bekam, klang nicht gerade ermutigend. War die Reise in ein solches Land für einen Menschen mit gesunden Gliedmaßen schon abenteuerlich genug, so schien sie für einen Querschnittsgelähmten geradezu unmöglich. Noch dazu, wenn man die Landessprache nicht beherrschte. Und wie sollte man gar zu einem Professor vordringen, wenn einem dazu die Erlaubnis fehlte?

Rührig wie die BI war, trat sie nun an verschiedene Hilfsorganisationen heran. Die meisten von ihnen lehnten von vorneherein mit Bedauern ab.

Auch das Bayerische Rote Kreuz, kurz BRK, wurde angesprochen. Der damalige Geschäftsführer trug den Fall in einer Vorstandssitzung vor, zugleich mit der Empfehlung, man möge das Ansinnen ablehnen, weil es sich unmöglich durchführen lasse. Dennoch wurde die Angelegenheit weiter diskutiert und mündete in der Frage, ob man nicht doch einen geeigneten Mitarbeiter oder ehrenamtlichen Helfer in den eigenen Reihen fände, der bereit wäre, dieses Wagnis auf sich zu nehmen.

Nun gab es in diesem Kreisverband einen gewissen Günther Gruber, der Kolonnenführer und dadurch Mitglied der Vorstandschaft war. Gruber war seit dem 1. Januar 1974 hauptamtlich auf dem Landratsamt als Sachbearbeiter für Brand- und Katastrophenschutz zuständig.

Da es sich bei dem Vorsitzenden des Kreisverbandes um keinen Geringeren handelte als den Landrat selbst, war dieser auch gleichzeitig Grubers Chef, und so bat er ihn, zu prüfen, ob jemand freiwillig Gregor Niedermeier nach Leningrad begleiten wolle. Doch der unternehmungslustige Günther suchte nicht lange, sondern erklärte sich spontan bereit, das Abenteuer auf sich zu nehmen. Wenig später erschien er bei uns im Haus, um meinem Vater die gute Nachricht zu überbringen und ihn zu veranlassen, seine Reisevorbereitungen zu treffen. Unterdessen beantragte Gruber vom Landratsamt aus – zwecks Tarnung für Moskau und Leningrad – Touristenvisa für meinen Vater und sich. Diese wurden rundweg abgelehnt mit der Begründung, in Moskau seien zu dieser Zeit keine Zimmer frei. Visumanträge einzelner Touristen waren den Sowjets in jener Zeit ohnehin suspekt. Wenn überhaupt Touristen aus dem Westen ins Land durften und insbesondere aus der Bundesrepublik Deutschland, dann nur als Reisegruppen.

Doch so schnell ließ Gruber sich nicht abwimmeln. Ein erneuter Antrag, diesmal nur für Leningrad, hatte Erfolg. Sofort begann er mit den praktischen Vorbereitungen für die Reise und bat Gregor, ebenfalls seine Koffer zu packen, was eigentlich ich übernahm, natürlich mithilfe von Oma Kathi.

Da Günther beim Landratsamt beschäftigt war, musste er natürlich einen Antrag beim Bayerischen Staatsministerium des Inneren stellen auf Genehmigung einer Reise in ein kommunistisches Land. Was noch alles damit zusammenhing, ist für den Fortgang der Geschichte nicht wichtig.

Mein Vater brauchte als Behinderter ein Flugtauglichkeitszeugnis, um überhaupt ein Flugticket zu bekommen. Dazu mussten das Gesundheitsamt und die Lufthansa eingeschaltet werden. Eine Ärztin von der Lufthansa stellte endlich nach langem Hin und Her dieses Zeugnis aus.

Flug und Hotelzimmer in Leningrad buchte Günther anschließend über ein Reisebüro in München bei Intourist Moskau, wo er auch bezahlte. Tickets und Hotelgutscheine bekam er rechtzeitig in die Hand.

Am 20. Oktober 1975 war es endlich so weit. Onkel Paul, Papas ältester Bruder, holte ihn nebst seinem Rollstuhl bei uns zu Hause ab. Wir Kinder und selbst Kathi und Hans begleiteten Papa bis zum Wagen. Jedes von uns drückte ihn noch mal herzlich, und es gab auch ein paar Tränen auf beiden Seiten. Dann winkten wir, bis der Wagen um die Ecke verschwunden war. Ob wir den Papa jemals wiedersehen würden? Über Russland hatte man noch nicht viel gehört, und wenn, dann war es nichts Gutes. Auch hatten wir schon von Flugzeugabstürzen erfahren. Da half nur Beten, zum lieben Gott und zu Vaters Schutzengel.

Unterdessen steuerte Paul das Auto zum Landratsamt, um Günther einzuladen. Dieser ließ sein Fahrzeug dort in der Tiefgarage stehen. Mein Onkel kutschierte seine Leute sicher zum Flughafen München-Riem, ließ sie aussteigen und kehrte gleich wieder um.

Während die beiden Russlandreisenden in der Wartehalle standen, erschien plötzlich ein Bäckermeister aus Pfaffenhofen, der ebenfalls Mitglied der BI war. Er überreichte den verdutzt Dreinschauenden eine große Tüte Brezen. »Ich kann euch ja nicht verhungern lassen auf der langen Reise«, war sein Kommentar, und schon war er wieder verschwunden.

»Das können wir doch nicht alles selbst futtern«, stellte Günther fest und schenkte das meiste davon den Stewardessen von der Lufthansa, die sich sehr darüber freuten.

Der Lufthansa-Flug von München nach Frankfurt sowie der Flug mit Finnair von Frankfurt nach Helsinki verliefen einigermaßen normal. Bis Helsinki saßen unsere beiden Reisenden in der gebuchten »First Class«. Auch das Ein- und Umsteigen klappte mithilfe der jeweiligen Flughafenfeuerwehr ziemlich reibungslos. In Helsinki stand sogar eine Rot-Kreuz-Helferin mit einem Rollstuhl bereit, denn Papas Rollstuhl befand sich ja in der Gepäckabteilung. Dennoch begannen hier schon die Schwierigkeiten. Im ganzen Flughafengebäude gab es keine behindertengerechte Toilette. Die Türen waren viel zu schmal. Also blieb Günther nichts anderes übrig, als meinen Vater in die Kabine zu tragen. Später konnte sich Papa nicht mehr erklären, wie sie das geschafft hatten: zwei Männer in einer engen Toilette, von denen einer nicht stehen konnte. Wie hatte Günther ihn ohne Hose auf den Sitz gekriegt? Und danach wieder in die Hose hinein? Und wieder in den Rollstuhl?

Danach stiegen die beiden in eine Tupolew. Niemand half ihnen dabei. Ihre Plätze befanden sich in der zehnten Reihe, tauschen war nicht möglich. Also musste Günther Vaters achtzig Kilo Lebendgewicht nach hinten schleppen, dazu noch ihr Handgepäck. Zunächst schwitzten die beiden ungemein, denn die Klimaanlage funktionierte nicht. Dafür froren sie dann in der Luft umso mehr. In der »klassenlosen« Gesellschaft gab es natürlich auch im Flieger keine »First Class«, obwohl dafür bezahlt worden war.

Während des Fluges hatte Papa Zeit genug, sich das Flugzeug genauer zu betrachten. Es sah aus wie ein umgebauter Bomber. Die Spanten waren zu sehen, weil die Innenverkleidung fehlte. Der Mittelgang war schmaler als in westlichen Maschinen, daher hatten die Stewardessen keine der üblichen Servierwagen. Sie arbeiteten mit einem sogenannten Dinett. Selbst dieses war noch zu breit für den schmalen Gang, deshalb war es einseitig hochgeklappt. Weil es in der Maschine auch keinen Fußbodenbelag gab, musste das Dinett über jede Spante gehoben werden. Eine wahnsinnige Anstrengung für die armen Mädchen. Gott sei Dank gab es aber ohnehin nur Tee mit Zitrone, mit je einem Zuckerwürfel. Eigenartigerweise löste der sich im Tee nicht auf. Deshalb bekam Papa den Eindruck, diese seien für den Dauergebrauch bestimmt. Man konnte sie immer wieder verwenden, aber sie süßten nicht. Einige davon hat er uns als Andenken mitgebracht.

Nun wussten die Abenteuerreisenden ihre zurückbehaltenen Brezen zu schätzen und knabberten diese zum Tee. Außerdem bekam jeder noch ein Kaubonbon zum Druckausgleich für die Ohren.

Papa begrüßte es dankbar, als sie sich endlich im Sinkflug befanden. Unter sich sah er einen endlosen Wald. Niemand in der Maschine sprach ein Wort. Alle saßen wie versteinert auf ihren Plätzen. Es war eine unnatürliche Ruhe. Endlich erfolgte eine Durchsage. Die Fluggäste wurden darauf hingewiesen, dass Fotografieren strengstens verboten sei und die Nichtbeachtung des Verbots schwerwiegende Folgen haben würde. Demnach befand man sich bereits über russischem Territorium. Das alles war aber nur ein kleiner Vorgeschmack. Plötzlich sahen sie freies Gelände unter sich. Sie überflogen die Flugplatzeinfriedung, die schwer mit Stacheldraht gesichert war. Einige rot-weiß gestrichene, vollkommen vergammelte Türme und Gebäude huschten an ihnen vorbei, und schon setzte die Maschine hart auf. Bei der Fahrt über das Rollfeld wurde das Flugzeug dermaßen durcheinandergeschüttelt, dass Papa schon befürchtete, das Fahrwerk würde weggerissen. Doch dann besiegte er seine Angst, indem er sich selbst gut zuredete, die Russen wüssten schon, was sie machen; ihre eigenen Leute säßen ja auch in der Maschine.

Sie rollten an einigen Vorfeldbussen und anderen Fahrzeugen vorbei, die alle aussahen, als kämen sie gerade von einem deutschen Autofriedhof. Mein Vater und sein Betreuer sahen sich betreten an: Wo sind wir da hingeraten?, dachte wohl jeder von ihnen. Ihr Reiseziel hatten sie fürs Erste erreicht, so glaubten sie wenigstens.

Die UdSSR, oder CCCP, wie die sich selbst schrieb, stand noch unter einem strengen kommunistischen Regime. Präsident war zu der Zeit Leonid Breschnew, und unsere beiden Reisenden aus dem kapitalistischen Westdeutschland zählten zum verhassten und verrufenen Klassenfeind. Deshalb stand die Aufgabe, die sie sich vorgenommen hatten, in den Sternen, und sie mussten sich auf einiges gefasst machen.

Kaum stand die Maschine auf ihrer Parkposition, war sie von mehr als einem halben Dutzend Uniformierter mit Kalaschnikows im Anschlag umstellt. Die Flugzeugtür wurde geöffnet, und sogleich postierte sich dort ein Bewaffneter. Ein weiterer schritt durch den Gang und forderte in barschem Ton: »Passeport!« Jedes Gesicht wurde mit dem Foto im Pass verglichen. Nach dieser Prozedur durften die Leute endlich aussteigen. Papa und sein Begleiter warteten bis zuletzt. Nachdem Günther meinen Vater und ihrer beider Handgepäck bis zur Treppe vorgeschleppt hatte, mussten sie zusehen, wie sie weiterkamen. Am Fuß der Gangway saßen sechs uniformierte Frauen und Männer. Daneben natürlich wieder einige »Kalaschnikows«. Da keiner der Anwesenden Anstalten machte, den beiden zu helfen, nahm Gruber seinen Patienten auf den Rücken und schleifte ihn zu dessen Rollstuhl, der inzwischen nebst ihrem Gepäck vom Flugpersonal ausgeladen und neben der Maschine bereitgestellt worden war. Nun hörten sie zum zweiten Mal den Aufruf: »Passeport!«. Die Uniformierten dehnten nun die Gesichtskontrolle auf die ihnen vorliegenden Visaabschnitte aus. Die übrigen Passagiere waren inzwischen mit dem Vorfeldbus abgefahren. Für die beiden Kameraden aus Bayern wurde ein Extrabus geschickt. »Problema«: Der Rollstuhl ging nicht durch die Tür, weil ein Handlauf in der Mitte im Wege stand. Die beiden hörten die auf Russisch geführte Beratung, von der sie nichts verstanden. Dazu gaben sie keinen Kommentar, obwohl die Lösung so einfach gewesen wäre: Man hätte Papa in den Bus tragen, den Rollstuhl zusammenlegen und nachreichen können. Mit diesem Vorschlag hielten sie jedoch hinterm Berg, weil sie die Russen nicht verärgern wollten, indem sie sich klüger zeigten als sie. Dagegen bot Gruber an, seinen Mitreisenden über das Rollfeld bis zur Empfangshalle zu schieben. Das wurde nicht erlaubt. Stattdessen schickte man einen LKW mit Hebebühne. »Problema«: Die Hydraulik versagte. Da Günther es nicht schaffte, seinen Gefährten auf den Lastwagen zu heben, versuchte er erst gar nicht, das Gepäck hochzuhieven. Wer weiß, wo das sonst gelandet wäre. Also schickte man den LKW wieder zurück. Es erfolgte eine neue Beratung auf Russisch. Wenig später erschien eine Angestellte von Aeroflot und forderte die beiden Bayern auf, ihr zu folgen. Also durfte Günther seinen Pflegling nun doch mit Rollstuhl und dem ganzen Gepäck – drei Koffer und zwei Taschen – auf Papas Knien quer über das Rollfeld schieben.

Am Empfangsgebäude stand die obligatorische »Kalaschnikow«, und man verlangte: »Passeport«. Als die beiden Abenteurer endlich im Flughafengebäude angekommen waren, atmeten sie auf. Zu früh! Denn nun stellten sie fest, dass die Abfertigung im ersten Stock lag und nur über eine zwölfstufige Treppe zu erreichen war. Betreuer Gruber nahm Papa das Gepäck von den Knien und stellte es am Fuße der Treppe ab. Ihnen blieb keine andere Wahl, sie konnten nur hoffen, dass es noch da sein würde, wenn Günther runterkäme, um es nachzuholen. Nun drehte Günther den Rollstuhl um und versuchte, seinen Patienten im »Rückwärtsgang« Stufe um Stufe hochzuwuchten. Er schaffte es aber nur bis zur neunten, dann versagten seine Kräfte. Also ließ er das Gefährt wieder vorsichtig nach unten »rollen«. Nachdem sich der Rollstuhlschieber etwas erholt hatte, versuchte er es mit neuem Schwung. Einige »Kalaschnikows« schauten bei diesem Werk hochinteressiert zu. Aber keiner von ihnen kam auf die Idee, zu helfen. Endlich hatte Günther es geschafft! Oben neues »Problema«: Vor den Schaltern waren »Schikanen« installiert, die ein schnelles Durchlaufen verhindern sollten. Leider passte auch der Rollstuhl nicht hindurch. Die zahlreichen Uniformierten palaverten ausgiebig. Endlich hatten sie eine Lösung gefunden. Sie nahmen den beiden Reisenden die Pässe ab und bedeuteten Günther, er solle mit Papa die mühsam erkämpften Stufen wieder »hinunterfahren«. Runter ging es tatsächlich leichter als rauf! Nun bekamen die beiden eine Eskorte mit, bewaffnet natürlich – sie kamen sich vor wie Schwerverbrecher –, aber nicht eine der Begleitpersonen rührte auch nur einen Finger, um zu helfen. Gottlob, das Gepäck stand tatsächlich noch an seinem Platz. Gruber lud es Papa wieder auf die Knie und schob ihn durch zwei Türen – und siehe da: Es existierte ein stufenloser Weg, um den Höhenunterschied zu den Abfertigungsschaltern zu überwinden. Sie landeten prompt hinter den Schaltern. Nun begann das ganze Prozedere zum vierten Mal mit »Passeport«: Gesichtskontrolle, eingehender Abgleich aller Dokumente. Endlich bekamen sie ihre begehrten Stempel und durften einreisen. Hatten sie gedacht! – Zuerst galt es, noch ein weiteres Hindernis zu überwinden, den Zoll. Eine uniformierte Frau von mächtiger Statur und mit riesigen Epauletten auf den Schultern zitierte die beiden Herren zu sich. Sie war der erste Mensch in der Empfangshalle, der sich menschlich benahm. Vermutlich hatte sie das ganze Affentheater beobachtet. Ganz freundlich fragte sie die beiden Bayern, ob sie etwas zu verzollen hätten, und ließ sie ohne Kontrolle durch mit dem Wort: »Karascho«, auf Bairisch: »Passt scho«, zu Deutsch: »Geht in Ordnung«.

Endlich waren sie in der CCCP! Aber das Schönste sollte noch kommen, nämlich am Schalter von Intourist. Seit der Landung waren fast zwei Stunden vergangen. Während des ganzen Einreise-Palavers hatte man, so vermuteten die beiden später, im Hintergrund irgendwie mit der Intourist Kontakt aufgenommen und beschlossen, diese ungewöhnlichen, suspekten Touristen auf schnellstem Wege wieder loszuwerden. Obwohl die beiden tatsächlich unerwünschte Personen waren, konnte man ihnen die Einreise nicht verweigern, weil sie ja gültige Visa hatten. Also brauchte man einen anderen Grund, um sie loszuwerden. Den hatte man schnell gefunden.

Als Günther nämlich bei Intourist die Papiere vorlegte, stellte man »mit größtem Bedauern« fest, dass die beiden Deutschen in den dortigen Unterlagen nicht aufgeführt waren und deshalb auch keine Zimmer für sie reserviert seien. Es kam zu einem längeren Hin und Her, bei dem Betreuer Gruber seine Hotelgutscheine vorwies, aus denen eindeutig hervorging, dass er ordnungsgemäß Zimmer gebucht und bezahlt hatte. Außerdem wäre ohne Hotelzimmerbuchung kein Visum erteilt worden. Kurz und gut, man teilte den beiden lapidar mit, sie sollten mit der nächsten Maschine nach Helsinki fliegen und dort weitere Informationen abwarten. Gestresst und frustriert vom bisherigen Verlauf der Einreiseumstände und der Gewissheit, dass dann ihre Mission gescheitert wäre, riss bei Günther der Geduldsfaden. Bisher hatte er all seine Argumente in zurückhaltendem Englisch vorgebracht. Nun schlug sein Ton, der nichts an Lautstärke und Deutlichkeit zu wünschen übrig ließ, um ins Bairische: »Ja Herrschaftszeiten nomoi, Scheißsaubande, glaubts ihr vielleicht, i bin eia Kaschbal? I hob zoit und bin do und griag iatz a Zimma. Des war ja no des Allerschena! Da hehrt si ja glei ois auf! Wo hama denn?«

Außer den beiden befanden sich etwa zwanzig weitere Personen in dem Raum, die alle erschreckt zusammenfuhren. So einen Ausbruch hatten sie wohl noch nie erlebt. Aber es ging um Papas Ziel. Der tief erschrockene Intourist-Angestellte redete auf Günther ein, um ihn zu beruhigen: »Please, Mister Gruber, be quiet, please be quiet. Take a seat. I will try to do all to make you satisfied.«

Erschöpft von seinem Gefühlsausbruch, ließ sich Günther auf eine Bank fallen, neben Papas Rollstuhl, in welchem dieser aus lauter Angst zusammengekauert verharrte und ihn völlig entsetzt ansah. Vermutlich war Gregor, mein Papa, der einzige Mensch im Raum, der verstanden hatte, was Günther dem Intourist-Mann an den Kopf geworfen hatte. Er befürchtete, man werde sie beide wegen Günthers rüdem Ton des

106

Landes verweisen, wenn nicht gar Schlimmeres auf sie zukam. Da mein Vater im Hintergrund weit vom Schuss gewesen war, hatte er nämlich nicht mitbekommen, dass man sie quasi schon rausgeschmissen hatte und dass Grubers laute Protestaktion nur die Flucht nach vorne gewesen war. Siehe da! Nach zwanzig Minuten teilte man ihnen mit, dass man ihre Unterlagen gefunden hätte und ein Zimmer im »Hotel Leningrad« reserviert sei. Ein Taxi würde bereits vor dem Ausgang auf sie warten. Nun hatten sie es nach drei Stunden endlich geschafft: Sie waren in Russland! Zusammen mit dem mürrischen Taxifahrer verstaute Günther den Papa, seinen Rollstuhl und das Gepäck im Wagen, und der zweite Teil des Abenteuers konnte beginnen.

Die ersten Eindrücke, die sie auf dem Flugplatz gewonnen hatten, nämlich dass alles marode und reparaturbedürftig war, setzten sich fort. Die Häuser machten einen erbärmlichen Eindruck, so als stünden sie kurz vor dem Abbruch. Die Straßen bestanden nur aus Schlaglöchern, und das Taxi wurde gehörig durchgeschüttelt. Deshalb atmeten sie auf, als sie endlich ihr Ziel erreicht hatten, ein modernes, angeblich von einer finnischen Firma errichtetes Hotel.

Nach dem Einchecken wollten sie auf ihr

Zimmer im sechsten Stock. An den Liften herrschte ein fürchterliches Gedränge. Dann erfuhren die beiden, dass von den fünf Liften nur zwei funktionierten.

Endlich hatten sie das Zimmer erreicht, es war jedoch in keiner Weise behindertengerecht. Die Tür zur Nasszelle war für den Rollstuhl viel zu schmal. Also musste der Betreuer seinen Pflegling aus dem Stuhl heben und ins Bad tragen. Stellte er für ihn einen Stuhl vor das Waschbecken, ging die Tür nicht auf. Machte er erst die Tür auf, konnte er den Stuhl nicht mehr hinstellen. Aber der findige Günther wusste sich zu helfen. Erst stellte er den Stuhl in die Badewanne, dann zerrte er Papa durch die Tür und parkte ihn auf dem Badewannenrand. Dann machte er die Tür zu, schob den Stuhl vor das Waschbecken und platzierte seinen Patienten auf dem Stuhl. Wie sollten sie nun aber wieder aus dem Bad kommen? Mit viel Geduld und Spucke lief die ganze Prozedur rückwärts ab. Und alles mindestens zweimal am Tag. Spätestens jetzt merkte der Mann, der inzwischen Papas Freund geworden war, worauf er sich eingelassen hatte, abgesehen von den schon erlebten und noch bevorstehenden Schwierigkeiten mit den Behörden. Obwohl das Hotel erst drei Jahre alt war, waren die Spiegel schon wieder blind, der Teppichboden war abgetreten und knirschte, wenn man darauf ging. Woher kam das? Der Estrich unter dem Teppich war mit zu wenig Zement hergestellt worden. Das eingesparte Material hatte man vermutlich »verschoben«. Mehrere Fliesen waren bereits abgefallen, das Waschbecken und die Badewanne unappetitlich verfärbt. Das Wasser lief als braune Brühe aus den Leitungen, also als Trinkwasser ungenießbar. Es sei, so wurde den beiden Freunden später erklärt, sehr eisenhaltig, aber eine Aufbereitungsanlage gäbe es nicht. Das einzig Schöne an diesem Zimmer war die Aussicht. Man blickte direkt auf die Newa, an deren anderem Ufer ein Panzerkreuzer ankerte.

Die Nacht war kurz. Um sechs Uhr mussten die beiden »Urlauber« bereits aufstehen, wegen der umständlichen Morgentoilette. Um acht Uhr gab es Frühstück. Dazu musste man in den Frühstücksraum, der im Tiefgeschoss unter dem Restaurant lag. Man zahlte einen Rubel und fünfzig Kopeken pro Person und wurde eingelassen. Solange man drinnen blieb, konnte man so viel essen, wie man wollte. Allerdings nur von dem, was es an diesem Tag gerade gab. Sie hielten sich an Tee aus dem Samowar, der sehr gut schmeckte, und an das Brot, Chleb genannt; es klebte in der Tat erbärmlich. Dazu gab es entweder Eier oder Sardinen oder Würstchen oder Käse. Alles war einigermaßen genießbar. Auch das Abendessen im Restaurant stellte sich als durchaus genießbar heraus, wenn man entsprechend bescheiden war.

Am ersten Tag brachen die beiden Touristen um neun Uhr auf, das heißt, sie wollten aufbrechen. An der Rezeption bestellten sie ein Taxi. Da hieß es: »Heute kein Taxi.«

»Warum?«

»Alle Taxi in Reparatur.«

Der »freundlichen« Angestellten hielt Günther vor, es sei unmöglich, dass alle Taxis von Leningrad ausgerechnet heute in Reparatur seien, außerdem habe er zufällig vor dem Hotel mehrere Taxis gesehen. Ihre Antwort: »Kein Taxi!!!«

Eingedenk seines gestrigen Spracherfolges stellte Gruber sofort auf Bairisch um und ließ seinen bewährten Wortschatz in ziemlicher Lautstärke auf die verdutzte Rezeptionistin los. Was sich die zahlreichen Leute, die sich außer den beiden in der Halle befanden, dabei dachten, war ihm vollkommen egal. Und siehe da, nach einer Viertelstunde stand ihr Taxi vor der Tür.

Bevor der Taxler sie aber einsteigen ließ, musste er erst, von Hand natürlich, alle vier Reifen aufpumpen. Nachdem Papa und sein Rollstuhl verstaut waren, setzte sich sein Betreuer neben den Fahrer und nannte ihm sein Ziel, nämlich Klinika Neurochirurgika, nebst dem Straßennamen. Der Fahrer gab vor, die Straße nicht zu kennen. Günther zeigte sie ihm auf dem mitgebrachten Stadtplan. Der Chauffeur drehte den Plan einige Male hin und her und konnte ihn offensichtlich, obwohl dieser in Russisch und mit kyrillischen Buchstaben beschriftet war, nicht lesen. Deshalb nahm Günther den Plan wieder an sich und bedeutete dem Russen, loszufahren. Obwohl die Reifen null Profil aufwiesen und die Straße voller Schlaglöcher war, legte er los wie ein Kamikazefahrer. Irgendwie gelang es seinem Beifahrer, ihm immer rechtzeitig zu sagen, wann er abbiegen sollte. So kamen sie ganz gut hin.

Dummerweise hielt das Gefährt nicht vor dem Haupteingang, sondern zwischen zwei identisch aussehenden schönen großen Gebäuden. Zunächst versuchte Günther es beim rechten Eingang. Er gelangte in einen großen Empfangsraum, in dem es rundum viele Schalter gab, wie in einer Bahnhofshalle. Was ehemals Glaswände gewesen waren, hatte man allerdings durch Sperrholzplatten ersetzt. Nur das kleine halbovale Fenster, durch das auf unseren Bahnhöfen die Fahrkarte durchgereicht wird, war offen. Ohne Rücksicht auf die Wartenden – Gregor saß schließlich noch im Taxi – beugte sich Gruber zum ersten Guckerl und fragte: »Sprechen Sie Deutsch?« Keine Antwort. Nächster Versuch: »Do you speak English?« Verständnisloser Blick, keine Antwort. Ab zum nächsten Schalter. Dieselbe Zeremonie, dieselbe Reaktion. Bevor er an den fünften Schalter trat, schaute sich Papas Betreuer endlich die Leute näher an, die da wartend um ihn herumstanden. Sie hatten alle einen etwas merkwürdigen Gesichtsausdruck. Da fiel bei ihm endlich das Zehnerl: Ich bin nicht in der Neurochirurgie gelandet, sondern in der Psychiatrie. Nichts wie raus zum Taxi und dem Gregor Bescheid sagen. Der hatte inzwischen Schwierigkeiten mit dem Fahrer gehabt. Dieser hatte ihm mit Händen und Füßen versucht zu erklären, dass er hier nicht so lange stehen dürfe. Nun half nur eines: Günther erkundigte sich beim Taxler – auch mit Händen und Füßen –, ob er Frau und Kinder habe. Dann übergab er ihm für seine Frau eine Flasche 4711 und ein Paar Strumpfhosen, für die Kinder Schokolade, Kaugummi und je einen Kugelschreiber. Das war eine Währung, die in jenen Tagen in der CCCP gut ankam. Also packte der brave Taxichauffeur seine Luftpumpe und begann, wieder zu pumpen, um einen Wartegrund vorzutäuschen. Beim zweiten Versuch wählte Günther das linke Gebäude. Die Pforte führte auf einen langen Gang mit vielen Türen. Aus einer davon kam gerade eine weiß gekleidete Frau. Diese fragte er nach Professor Ugrjumow. Sie wies gleich auf die erste Tür rechts.

Der abenteuerlustige Bayer landete in einem Wartezimmer mit etwa dreißig Patienten. Was soll ich da? Warten, bis ich drankomme??? Also, nix wie raus. Während er den Gang entlangging, horchte er an jeder Tür. Hinter einer wurde gesprochen. Er klopfte an und trat ein. Auf einer Liege wurde gerade eine Frau untersucht. Also wieder hinaus, Tür zu und weiter. Vier Türen weiter waren erneut Stimmen vernehmbar. Nach kurzem Überlegen klopfte er an und trat ein.

Zwei Ärzte saßen sich an einem Schreibtisch gegenüber und unterhielten sich so lebhaft, dass sie den Eintretenden gar nicht wahrnahmen. Um sich bemerkbar zu machen, hüstelte dieser und grüßte freundlich mit »Dobrij djen«. Verwundert schauten die beiden Weißkittel auf, und Günther fragte sie, ob eventuell einer von ihnen englisch oder gar deutsch spreche. Nur fragendes Staunen. Darauf holte der ungebetene Gast Papas Befunde aus Murnau hervor, die bereits ins Russische übersetzt worden waren, und reichte sie ihnen zum Lesen. Darauf fragte einer der Herren: »FRG?« Günther schüttelte den Kopf. »Aha, dann DDR!« Er verneinte erneut. Nun schauten die beiden noch erstaunter. Wenn ein Deutscher daherkommt, muss er doch aus der DDR sein, wenn er schon nicht aus der FRG kommt. Dann endlich ging Gruber ein Licht auf. Mit »FRG« meinten die Ärzte »Federalnie Republiki Germanie«, die Bundesrepublik Deutschland.

Sie fragten nach X-Rays, also Röntgenbildern. Die konnte er ihnen vorlegen. Gleichzeitig bat er, ob sie nicht einen deutsch- oder englischsprachigen Arzt herbeizitieren könnten. Nachdem sie die Röntgenbilder eingehend betrachtet hatten, telefonierten sie. Wenig später betrat ein dritter Mann das Zimmer: »Hello, my name is Dr. Melnikow, what can I do for you?«

Günther zeigte auf die Befunde und die Röntgenbilder. Während diese nun von drei Männern aufmerksam studiert wurden, betrachtete der Besucher eingehend das Büro. Es war äußerst spärlich eingerichtet. Die Schreibtischlampe, mit deren Hilfe die Röntgenbilder betrachtet wurden, hatte vermutlich Napoleon bei seinem Rückzug aus Russland anno 1812 zurückgelassen, weil sie vollkommen veraltet war. Ein deutscher Arzt würde sich vermutlich weigern, unter solch kümmerlichen Voraussetzungen zu arbeiten. Nach geraumer Zeit fragte man den Besucher, was er denn mit diesen Bildern wolle. Ohne Patient hätten sie ja keinen Sinn. Darauf erklärte der Deutsche auf Englisch: »Wenn der Patient gewünscht wird, kein Problem. Der sitzt draußen im Taxi und wartet.«

Dr. Melnikow fragte ganz erstaunt: »He is waiting outside in a Taxi? Incredible!« Die beiden anderen waren genauso perplex, nachdem er ihnen das übersetzt hatte. Von der nun einsetzenden lebhaften Diskussion verstand Günther natürlich nichts. Dr. Melnikow erklärte ihm später, man habe sich sehr gewundert, dass da ein Mensch aus der FRG einfach so mit einem Flugzeug herkomme, einen Patienten mitbringe und mir nichts, dir nichts mit dem Taxi vorfahre. Ja, schlimmer noch, dass er ohne Hemmungen hier eindringe, Unterlagen vorlege ohne Anmeldung und sonstige Formalitäten, und das, obwohl er nicht mal Russisch könne. Zum Schluss forderte er den Eindringling auf: »Well, bring him in.« Der Taxifahrer, der schon eine halbe Stunde Reifen aufgepumpt hatte, sollte jetzt noch länger warten. Aber in der Hoffnung auf noch mehr Raritäten aus Grubers Schatzkiste, handelte er weiterhin gegen jede Vorschrift. Nachdem Gregor samt Rollstuhl ausgestiegen war, fuhr der Taxler ein paar Mal um den Häuserblock, pumpte zwischendurch ein bisschen und betätigte sich anderweitig, um seiner Warterei Sinn zu geben. Auf alle Fälle stand er parat, als seine beiden Fahrgäste nach etwa zwei Stunden wieder auf der Bildfläche erschienen.

Diese waren unterdessen ins Amtszimmer gelangt, in dem nun vier Ärzte anwesend waren. Der vierte stellte sich als Dr. Besuch vor. Die beiden ersten taten es ihm gleich: Dr. Zotov und Dr. Zobina. Von ihnen wurde Gregor nun nach allen Regeln der Kunst untersucht, wobei Dr. Melnikow und Günther als Dolmetscher fungierten: Deutsch – Englisch, Englisch – Russisch und umgekehrt.

Nach etwa einer Stunde erschien tatsächlich Professor Ugrjumow. Dieser nette ältere Herr mit eisgrauem Haar und rot-blau geädertem

Gesicht sprach zur Verwunderung seiner Besucher sogar Deutsch und zwar ausgezeichnet. Nachdem er noch eine Röntgenärztin hinzugezogen und sich mit dem Patienten und dem Bericht aus Murnau eingehend befasst hatte, ließ er eine Schreibkraft kommen und diktierte ihr seinen Befund. Während dieser getippt wurde, nahm der Professor Papas Begleiter mit in ein Nebenzimmer und erklärte ihm: »Sie wissen sicher, dass der Patient gar nicht hier sein dürfte. Das Ministerium hat die von Ihnen beantragte Untersuchung abgelehnt. Mir wurde untersagt, mich mit ihm zu befassen. Ich habe es trotzdem gemacht, und Sie bekommen auch einen Befund von mir mit. Damit gehen Sie zu Ihren Ärzten in Deutschland. Alles, was wir hier machen könnten, kann man in Deutschland auch machen, aber mit ungleich moderneren Mitteln und Geräten. Die von Ihren Ärzten angewendeten Methoden und Therapien sind in unseren Augen allerdings vollkommen verkehrt. Patienten mit solchen Verletzungen müssten von Anfang an anders behandelt werden. Wenn man sie liegen lässt, bis die Bruchstelle sich versteift hat, sterben die Nerven ab, und man kann sie schlecht oder gar nicht mehr regenerieren. Das steht auch in meinem Befund.«

Bei seinen Worten wurde Günther immer kläglicher zumute: Sollte die ganze Reise, sollten die ganzen Strapazen umsonst gewesen sein? Zum Schluss reichte der Professor ihm die Hand mit der Empfehlung: »Also fahren Sie heim, grüßen Sie meine Kollegen und lassen Sie den Patienten dort behandeln.«

In seiner Verzweiflung kam Günther urplötzlich eine Idee: »Herr Professor, ich weiß nicht, wie man in der Sowjetunion darüber denkt, ich kenne insbesondere *Ihre* Einstellung zur Kirche und zu Gott nicht. Bei uns in Deutschland glauben viele Menschen noch an Gott, und zu diesen gehört auch Herr Niedermeier. Der glaubt, wenn überhaupt, dann kann einzig Gott ihm noch helfen, und zwar nur durch Ihre Hand.«

Der Professor wurde auf einmal sehr nachdenklich, dann äußerte er: »Gut, gut, gut, fahren Sie nach Hause und versuchen Sie, von Deutschland aus eine Aufenthaltsgenehmigung für diese Klinik zu erreichen. Dann kommen Sie wieder, und wir sehen weiter.«

An diese Worte klammerten sich Papa und sein Begleiter von Stund an. Er bedankte sich herzlich, auch im Namen von Gregor. Diesen packte er auf den Rollstuhl, und dann nichts

wie hinaus zum Taxi. Da die beiden Russlandreisenden wissen wollten, was in dem
Befund stand, und damit ihn auch ihre heimischen Ärzte lesen könnten, ließen sie sich umgehend zum Deutschen Konsulat fahren, um ihn
übersetzen zu lassen. Es folgte das bereits bekannte Prozedere mit dem Stadtplan. Nach Günthers Angaben fanden sie ohne Schwierigkeiten
hin. Allerdings begann es während der Fahrt zu
regnen. Ihr Kamikazefahrer hielt an, nahm zwei
Scheibenwischerblätter aus dem Handschuh-
fach, befestigte sie an den Wischerarmen und
fuhr weiter. Als sich seine Fahrgäste darüber
verwundert zeigten, lachte der Fahrer, machte
die international bekannte Handbewegung für
Stehlen und erklärte: »Sonst zappzarapp.«

Da die Reifen kein Profil hatten, kam das Taxi
ganz schön ins Schlingern, und die beiden Deutschen hielten die Luft an. Sie wagten erst wieder durchzuatmen, als sie das Konsulat erreicht
hatten. Davor stand ein Postenhäuschen und
vor diesem, wie konnte es anders sein, ein Mann
mit Kalaschnikow. Wie sich herausstellte, war
es nicht seine Aufgabe, die Deutsche Vertretung
zu bewachen, sondern Nichtberechtigte am Betreten des Konsulats zu hindern. Auch Gruber
wollte er nicht hineinlassen, weil er auf die For-

derung nach dem Ausweis gestand, dass er diesen im Hotel lassen musste. Er hatte nicht daran gedacht, dass der Zimmerausweis als Passersatz immer mitzuführen sei. Der Wachposten glaubte ihm auch nicht, dass er Deutscher sei. Sein Verhandeln mit dem Wachbeamten beobachtete ein Konsulatsmitarbeiter von einem Fenster aus aufmerksam. Gruber rief ihm zu: »Iatzt geht amoi oana aussa und sagt dem Gloiffe, dass i do nei mecht und ois Deitscha a derf!«

Endlich bemühte man sich. Günther wurde ins Gebäude gebeten und nach seinem Begehr gefragt. Getreu dem Motto »Immer möglichst hoch ansetzen« bat er darum, den Konsul sprechen zu dürfen. Der war aber leider im Urlaub. Also musste er mit dem Vizekonsul vorliebnehmen. Als dieser erfuhr, dass Gruber mit dem Gregor Niedermeier hier sei, erklärte er sofort in sehr ärgerlichem Ton, dass vonseiten des Konsulats keinerlei Hilfe zu erwarten sei. Die Sowjets hätten eine Untersuchung des Niedermeier durch Ugrjumow strikt abgelehnt. Er sehe auch keine Möglichkeit, irgendetwas zu unternehmen. Ohne Einwilligung Moskaus sei überhaupt nichts zu machen. Nachdem Papas Betreuer sich das seelenruhig angehört hatte, erklärte er dem Vizekonsul, dass die Untersuchung bereits durchgeführt wurde, er sei jetzt nur gekommen, um sich den Befund ins Deutsche übersetzen zu lassen. Da fiel der gute Mann aus allen Wolken. Er konnte es einfach nicht glauben, dass es Gruber gelungen war, bis zum Professor vorzudringen und eine Untersuchung zu erreichen. Dieses Vorgehen würde allen diplomatischen Regeln widersprechen und hätte einfach nicht geschehen dürfen. Dem Günther und dem draußen wartenden Gregor war das ziemlich egal. Die beiden Bayern hatten auf alle Fälle ihren Befund und bekamen nun auch ihre Übersetzung.

Günther verabschiedete sich freundlich im Konsulat und äußerte die Überzeugung, dass sie wiederkommen würden. Was keiner so recht glauben wollte, sie hatten ihr vorläufiges Ziel erreicht und zwar schon am ersten Tag ihres auf eine Woche begrenzten Aufenthalts. Nun hatten sie eine Menge Zeit, und Papas Betreuer dachte, wenn sie schon mal hier seien, könnten sie auch die schöne Stadt an der Newa kennenlernen. Also waren sie ständig unterwegs, wobei es mit dem Rollstuhl nicht immer einfach war. So sind in Leningrad zum Beispiel die Bordsteinkanten doppelt so hoch wie bei uns. Vor den meisten Museen musste man lange anstehen, aber nicht nur das, vieles war auch schwierig zu erreichen, weil es nirgendwo behindertengerechte Einrichtungen gab. Ihnen fiel auf, dass man im Straßenbild von Leningrad keine Behinderten sah. Die wurden wohl weggesperrt. Die Eremitage ersparte sich Gregor, weil sie erfahren hatten, dass man da mehrere Stunden auf den Einlass warten muss.

Die Abende verbrachten die beiden »Touristen« in einer für Ausländer reservierten »Devisenbar« des Hotels, meist in Gesellschaft einer Gruppe britischer Jugendlicher von der Kanalinsel Jersey. Diese waren ausgesprochen nett, auch im Umgang mit Gregor, der sich in ihrer Gegenwart sichtlich wohlfühlte. In der Bar gab es gegen westliche Währung fast alles, vor allem aber Kaviar schüsselweise.

In den russischen Hotels ist es üblich, dass in jedem Stockwerk eine Etagendame residiert und überall nach dem Rechten sieht. Die Etagendame der beiden Bayern war eine vornehme, gut gekleidete, sehr nette ältere Person, die fließend Englisch sprach. Sie zeigte für Papas Schwierigkeiten viel Verständnis. Wegen seiner Lähmung hatte er zum Beispiel Probleme mit seiner Schließmuskulatur. Deshalb wurde manchmal das Bett ein bisschen verunreinigt. Die Dame erklärte: »Nje Problema«, also kein Problem, und schickte im Nu ein Zimmermädchen, das wieder alles sauber machte. Bei ihrer Abreise zeigten sich die beiden Herren deshalb erkenntlich mit einigen »Raritäten« aus Günthers Fundus. Das hätte er besser nicht gemacht. Irgendjemand muss den Vorgang mitbekommen und die Etagendame angezeigt haben, mit schlimmen Folgen für sie. Im Jahr darauf wohnten die beiden nämlich wieder in demselben Hotel und begegneten ihrer »Freundin«. In ihrer abgetragenen schlechten Kleidung hätten sie diese nicht wiedererkannt, wenn die Frau sie nicht angesprochen hätte. Weinend erzählte sie, wegen der Geschenke, die sie angenommen hatte, sei sie zur Putzfrau degradiert worden und müsse nun die dreckigsten Arbeiten verrichten.

Am Sonntag sollte ihr Rückflug sein. Da Günther mit der Schlamperei am Flughafen mittlerweile bestens vertraut war, begab er sich bereits am Donnerstag zum Schalter von Intourist, um sich die Plätze für den Heimflug bestätigen zu lassen. Antwort: »Kommen Sie morgen wieder.«

Am Freitagvormittag hieß es: »Kommen Sie am Nachmittag wieder.« Leicht ungeduldig und verärgert wies er die Dame vorsichtshalber darauf hin, dass am Sonntag ihre Visa ablaufen würden und sie das Land verlassen müssten. Als sie am Nachmittag nachhörten, hieß es: »Kein Platz in der Maschine nach Helsinki, alles ausgebucht.« Auf Grubers entsetzten Aufschrei hin, empfahl die Angestellte: »Fliegen Sie am Samstag nach Moskau und nehmen Sie von dort am Sonntag die Maschine nach Hamburg.« Eingedenk der Schwierigkeiten bei der Anreise, vom Flieger ins Hotel zu gelangen, stellte er sich vor, dass es in Moskau nicht anders sein würde. Außerdem hatte man ihnen ein paar Monate zuvor für Moskau keine Visa erteilt, angeblich wegen fehlender Hotelzimmer. Das erklärte Günther der Dame. Es nützte nichts. Auch seine anderen Argumente ließ sie nicht gelten. Sie blieb stur wie ein Panzer und bestand auf dem Flug über Moskau. Jetzt riss Gruber in Russland zum dritten Mal der Geduldsfaden. Mit Donnerstimme machte er seinem Herzen Luft: »Ja Herrschaftszeiten nomoi, iatz geht der Schmarrn scho wieda o, ja seids ihr alle bled? Oda hoits mi für bled? Da hert si ja ois auf!«

Darauf antwortete die sichtlich erschrockene Dame am Schalter mit Engelsstimme: »Bitte beruhigen Sie sich, Herr Gruber, wir werden alles noch mal nachprüfen. Kommen Sie am Abend noch einmal.«

Am Abend endlich bekam er den erfreulichen Bescheid: »Es ist noch Platz in der Maschine nach Helsinki.«

Englisch mag zwar die Weltsprache sein, aber die Erfahrung hat gelehrt, dass man manchmal nur mit Bairisch weiterkommt.

Am Sonntag stiegen die beiden »Weltenbummler« pünktlich in den Flieger nach Helsinki ein und was stellten sie fest? Die Tupolew war nur halb besetzt! War das jetzt von dem Intourist-Büro organisatorisches Unvermögen? Oder Faulheit? Oder Schikane? Oder gab es sonst noch einen Grund?

Die Rückreise verlief ziemlich reibungslos. Es gab nur einen Zwischenfall, aber den konnten sie den Russen nicht anlasten. Nachdem die beiden Männer fünf der insgesamt sechs Etappen ihres Fluges ganz gut über die Runden gebracht hatten, stiegen sie in Frankfurt mithilfe der Flughafenfeuerwehr in ihre Maschine nach München. Es ist allgemein üblich, dass Behinderte immer zuerst untergebracht werden, bevor der Ansturm der übrigen Passagiere beginnt. Unsere Heimkehrer saßen also in der ersten Reihe, gleich hinter dem Cockpit. Auf einmal erschien ein uniformierter »Lakai« der Lufthansa und forderte die Flugtauglichkeitsbescheinigung für Gregor.

Diese besaß er jedoch nicht mehr, weil er sie beim Hinflug bei der Lufthansa hatte einreichen müssen, um überhaupt ein Flugticket zu erhalten. Da er sie also nicht vorweisen konnte, forderte der Angestellte die beiden Reisenden in unverkennbar österreichischem Tonfall auf, die Maschine sofort zu verlassen. Kampferprobt, wie Gruber nach seinen Erfahrungen in Russland war, erklärte er ihm die Lage. Davon wollte der andere nichts hören. Im Gegenzug forderte Günther ihn in mittlerweile gereiztem Ton auf, er möge sich in sein Büro begeben und in seinem Saftladen klären, wo dieses Papier abgeblieben sei. Der Lufthansa-Mann verschwand. Er war aber so schnell wieder zurück, dass er unmöglich nach der Bescheinigung gesucht haben konnte. Nun forderte er noch energischer, dass die beiden Passagiere aussteigen sollten. Daraufhin erlebte er eine von Günthers Explosionen. In derbstem Bairisch fragte der ihn, wieso sie, die Reisenden, dafür büßen sollten, dass er in seinem Saustall die Papiere nicht finde. Sie hätten jetzt fünf Flüge hinter sich gebracht, ohne Schwierigkeiten und ohne von einem Wichtigtuer angepflaumt zu werden. Er solle sich sofort schleichen, sonst handle er sich die größten Schwierigkeiten in seiner Karriere bei der Lufthansa ein.

Da Gruber, wie gesagt, diese Rede auf Bairisch gehalten hatte, musste der andere als Österreicher das meiste davon verstanden haben. Während die Stewardessen und die inzwischen eingetroffenen Passagiere die in ziemlicher Lautstärke vorgetragene Tirade mit großem Interesse verfolgt hatten, kam auf einmal der Pilot aus dem Cockpit und wollte wissen, was los sei. Den Österreicher ließ Günther gar nicht erst zu Wort kommen, sondern erklärte von sich aus dem Piloten den Sachverhalt. Daraufhin forderte der Flugkapitän den übereifrigen Angestellten auf, die Maschine zu verlassen. Das bayerische Gespann aber blieb. Der Pilot entschuldigte sich für den Zwischenfall und fragte die beiden Herren, ob sie die Arbeit in der Kanzel interessiere. Und ob! Also ließ er die Tür offenstehen, damit sie alles mitbekamen.

Im Auftrag des Kapitäns erklärte der Chefsteward Papas Begleiter noch, wie im Falle eines Notfalls die Kabinentür zu öffnen und die Notrutsche zu bedienen sei.

Ohne weitere Zwischenfälle landeten sie pünktlich in München, wo sie von Onkel Paul wieder abgeholt wurden. Am Sonntag kurz vor Mitternacht erreichten sie Pfaffenhofen. Dort sollte es noch mal Ärger geben. Weil Günthers

Auto in der Tiefgarage des Landratsamtes stand, rief er im Polizeirevier an, wo ein Schlüssel hinterlegt war. Der Beamte erschien auch umgehend und schloss auf. Während Günther sein Auto aus der Garage holte, entdeckte ein Streifenwagen das Auto von Gregors Bruder Paul, der an der Bushaltestelle wartete, um zu sehen, ob Günther seinen Wagen auch wirklich bekam. Nun verlangte man von Paul ein Bußgeld wegen Falschparkens. Zum Glück kam Gruber rechtzeitig dazu: »Ja, seids narrisch wor'n? Bildets eich ein, um Mitternacht dat no a Bus kemma? Schleichts eich, sonst ziehts eich no an Schiefer nei.« Obwohl sie umgehend seiner freundlichen Aufforderung gefolgt waren und Günther nichts gegen sie unternommen hatte, handelten sie sich großen Ärger mit ihrem Chef ein. Denn der Kollege mit dem Schlüssel von der Tiefgarage hatte die Szene mitbekommen. Irgendwie erinnerte dieser Vorfall die Heimkehrer an Russland.

Wie waren wir Kinder glücklich, als wir nach einer Woche den geliebten Vater wieder am Frühstückstisch vorfanden! Nach der stürmischen Begrüßung fiel uns aber auf, dass er noch immer im Rollstuhl saß, und wir machten enttäuschte

Gesichter. »Aber Papa, warum haben die in Russland dich nicht gesund gemacht?«

Papa war es dann, der sich sehr optimistisch zeigte und uns tröstete: »Ja Kinder, seid nicht traurig. Es wird schon noch werden. Denn so schnell, wie ihr euch das denkt, konnten die nicht operieren. Die mussten mich ja erst von Kopf bis Fuß untersuchen.«

»Warum haben sie dich nicht gleich danach operiert?«

»Dazu reichte die Zeit nicht. Ich durfte ja nur eine Woche in Russland bleiben. Nach einer so schweren Operation muss man aber wochenlang ganz still liegen. Außerdem, wenn sie mich operiert hätten, wäre ich jetzt noch nicht zurück.«

Das leuchtete uns ein, und wir genossen voll und ganz, dass er wieder bei uns war. Mit offenem Mund und großen Augen lauschten wir, wenn er von seiner abenteuerlichen Reise berichtete. Günther Gruber kam auch mal herüber, um nachzusehen, wie es seinem Schützling ging. Er war es, der dann die Berichte von Papa ergänzte.

Erst nach einigen Tagen fiel mir ein: Wenn der Papa später operiert werden soll, dann bedeutet das ja, dass er noch mal nach Russland muss und zwar für längere Zeit.

Danach befragt, erklärte Papa mir, das sei richtig. »Und wann musst du wieder hin?«, wollte ich wissen. Das könne noch lange dauern, erwiderte er, vorher sei noch eine Menge Papierkram zu erledigen.

Wir verlebten wieder ein schönes Weihnachtsfest und einen unbeschwerten Winter und bekamen gar nicht mit, was sich in dieser Zeit alles in Sachen Papas zweiter Russlandreise tat. Ihm selbst kam ebenfalls kaum etwas davon zu Ohren. Wie er mir später erzählte, nahm die BI unter der Leitung von Günther Gruber alles in die Hand. Deren Mitglieder waren sehr optimistisch und klammerten sich ebenso wie Papa an die Aussage des Professors: »Fahren Sie nach Hause und versuchen Sie von Deutschland aus, eine Aufenthaltsgenehmigung für diese Klinik zu erreichen. Dann kommen Sie wieder und wir werden weitersehen.«

Das Gremium war unglaublich rührig, um für Papa diese Aufenthaltsgenehmigung zu erwirken. Der Initiator der ganzen »Aktion Niedermeier«, Fritz Küster, korrespondierte mit allen Stellen, die irgendwie infrage kommen könnten: mit dem Auswärtigen Amt, der Deutschen Botschaft in Moskau, der Russischen Botschaft in Bonn, dem Russischen Konsulat in Frankfurt/

Main, dem Deutschen Konsulat in Leningrad und letztlich mit der Klinik in Leningrad. Auch Gruber führte zwei Telefonate, eines mit der Botschaft in Moskau und eines mit dem Konsulat in Leningrad, welche letztlich zum Erfolg führten.

Das Telefonieren in die Sowjetunion unterlag eigenen Gesetzen. Während zu der Zeit die Teilnehmer in allen europäischen Ländern und auch in den USA bereits im Durchwahlverfahren zu erreichen waren, gingen Gespräche in die UdSSR nur über die Auslandvermittlung der Post in Frankfurt/ Main. Das lief ungefähr so ab: Gruber meldete sein Gespräch für die Botschaft in Moskau an. Nach etwa zwei Stunden kam ein Rückruf von der Vermittlung mit einem russisch sprechenden Menschen am anderen Ende. Als Günther fragte, ob es nicht eine Person gäbe, die deutsch spricht, wurde aufgelegt. Zweiter Versuch. Nach zwei Stunden Wartezeit wieder das gleiche Ergebnis. Deshalb fragte Günther beim Auswärtigen Amt nach, ob in der Botschaft jemand mit Deutschkenntnissen sei. Dabei erfuhr er, dass sich die Telefonnummer geändert hatte. Dritter Versuch mit neuer Nummer: Es klappte auf Anhieb.

Das Telefonieren in umgekehrter Richtung war auch nicht einfacher, allerdings um vieles billiger. Diese Erfahrung machte er, als er wieder in Leningrad war. Doch davon später.

Bevor Papa seine zweite Russlandreise antreten konnte, brach ein neuer Schicksalsschlag über ihn herein. Seine Halbschwester Rosi, diejenige seiner Halbschwestern, mit der er sich am besten verstanden hatte und die sich nach dem Tod unserer Mutter oft um uns gekümmert hatte, erkrankte ganz plötzlich. Nach wenigen Wochen erhielten wir die Todesnachricht. Sie war an Leukämie gestorben und hinterließ zwei kleine Kinder, sechs und acht Jahre alt. Dieser nahm sich eine Schwester ihres Mannes an. Der Tod seiner Schwester ging unserem Vater sehr nahe, auch weil sie im Alter von dreißig Jahren gestorben war, genau wie seine Mutter und seine Frau.

Einige Wochen später, am 10. Juli 1976, war es endlich so weit. Dieses Mal würden Papa und Günther mit offizieller Genehmigung der Behörden fliegen. Sie waren nicht mehr private Touristen, sondern Patient und Sanitäter. Allerdings musste Gruber auf Anraten seines Vorgesetzten die Rot-Kreuz-Zeichen von Hemden und Anorak entfernen, zu seiner Sicherheit. Man befürchtete, durch solche Abzeichen könne man Ressentiments gegen deutsche Uniformen wecken.

Am Vorabend der Reise, die gepackten Koffer und Taschen standen im Hausgang bereit, Oma Kathi hatte etwas besonders Gutes gekocht, bekam unser Vater nach dem Essen einen großen Bahnhof. Einige seiner Geschwister waren gekommen, um ihn zu verabschieden, ebenso einige Nachbarn und mehrere Freunde, abgesehen von den Mitgliedern der BI. Alle wollten ihm ihre guten Wünsche mit auf den Weg geben. Selbst der Herr Pfarrer, Papas Freund, war erschienen. Da die Verabschiedung an einem Samstagabend stattfand, konnte er dabei sein. Er segnete den Papa und seinen Begleiter mit den Worten: »Der liebe Gott möge euch auf der ganzen Reise beschützen und bewahren und euch wohlbehalten wieder nach Hause führen. Und dir, lieber Gregor, wünsche ich, dass alles so ausgehen möge, wie es für dich am besten ist.«

Die Formulierung des geistlichen Herrn störte mich. Mir wäre es lieber gewesen, wenn er gesagt hätte: »Dass die Operation gelingen möge und dass du wieder auf deinen beiden Beinen bei uns hereinmarschierst.«

Doch der Pfarrer wusste wohl, was er sagte. Er hatte das ja studiert und stand in engerem Kontakt zum lieben Gott als unsereiner. Er würde schon wissen, wie er mit seinem Chef zu reden hatte.

Zu seinem zweiten Leningrad-Aufenthalt ließen wir Papa mit einem lachenden und einem weinenden Auge ziehen. Besorgt waren wir wegen der weiten, gefährlichen Flugreise und traurig, dass wir ihn für viele Wochen nicht sehen würden. Gleichzeitig waren wir froh, dass er diese Reise machte, weil wir fest daran glaubten, der Professor mit dem unaussprechlichen Namen würde ihm wieder auf die Beine helfen.

Die enormen Schwierigkeiten, die Papa und Günther bei ihrer ersten Reise gehabt hatten, waren vergessen. In der Früh um acht Uhr sollte es von München losgehen. Doch die Boeing 707 der Lufthansa kam mit einer Stunde Verspätung von New York an. Während Gregor wieder von der Feuerwehr »verladen« wurde, wandte sich sein Betreuer sofort an die Stewardess, weil er befürchtete, sie könnten in Frankfurt den Anschlussflug nach Helsinki nicht mehr erreichen. Sie kam vom Cockpit zurück mit der Nachricht, der Kapitän werde, sobald das Flugzeug in der Luft sei, Kontakt mit dem Tower in Frankfurt aufnehmen. Wegen der Fernmeldehoheit der Bundespost dürfe er sich nicht vom Boden aus über Funk dort melden.

Kaum war die Maschine in Rhein-Main zum Stehen gekommen, eilte die Flughafenfeuerwehr herbei mit einem Spezial-Tragestuhl für Gregor. Er und sein Begleiter wurden mitsamt ihrem Gepäck und dem Rollstuhl auf ein Löschfahrzeug geladen. Auf zum Teil unterirdischen Wegen gelangten sie zur Maschine der Finnair. Sie hatten gerade ihre Plätze eingenommen, da hob sie schon ab. Wie man das alles in so kurzer Zeit geschafft hatte, blieb Papa auf ewig ein Rätsel.

Die Schwierigkeiten in Helsinki und im Russenflieger waren wie gehabt, aber in Leningrad war alles völlig anders als beim ersten Mal. Zusätzlich zu dem Beamten, der nach dem »Passeport« fragte, kamen ein Bundesgrenzschutz-Beamter (BGS) und eine Dolmetscherin in die Maschine. Letztere erklärte dem Russen, dass die Passagiere Niedermeier und Gruber unter diplomatischem Schutz ständen. Der Grenzhüter und ein weiterer Kollege trugen den Papa dann aus der Maschine zu einem an der Treppe wartenden VW-Bus des Konsulats. Die Passabfertigung am Flieger sowie auch in der Ankunftshalle waren nur »pro forma«. Die Zollabfertigung fiel völlig weg, was die ganze Angelegenheit ungemein vereinfachte und beschleunigte. Günther war sehr erleichtert, dass niemand in seine Koffer schaute, sonst hätten sie vielleicht doch noch etwas auszusetzen gehabt. Denn einer der Koffer war vollgepackt mit Medikamenten und Pflegemitteln, die ihm das Krankenhaus Ingolstadt zur Verfügung gestellt hatte.

Als Erstes brachte man den Patienten in die Klinik. Die Aufnahmeformalitäten konnten dank der beiden Dolmetscherinnen vom Konsulat sehr zügig abgewickelt werden.

Dann kam es doch noch zu Schwierigkeiten. Als Günther und Gregor den Gang passieren wollten, der zu Papas Station führte, stand dort ein sturer Wachmann, der sie partout nicht durchlassen wollte. Nachgiebig, wie mein Vater ist, wollte er versuchen, die Station über einen anderen Gang zu erreichen. Doch Günther, noch sturer als der Wächter, dachte nicht daran und legte sich mit diesem an. Als er mit Englisch und den paar Brocken Russisch, die er sich im Jahr zuvor angeeignet hatte, nicht weiterkam, verfiel er wieder in sein lautes, kampferprobtes Bairisch: »Herrschaftszeiten nomoi, was seids denn für Sturköpf!«, und hängte noch eine ganze Litanei von Kraftausdrücken an, die ich hier nicht wiedergeben möchte. Der so Angebellte rannte sofort los und kehrte mit dem Chefarzt zurück, statt die beiden Besucher zu diesem zu führen. Der Chef sorgte dann dafür, dass Gregor endlich ein Bett bekam. Dieses stand in einem Acht-Bett-Zimmer, aber nur zwei der Betten waren belegt, außer Gregor lag noch ein junger russischer Polizist in dem Raum. Dieser konnte kein Wort Deutsch, und Gregor beherrschte von seinem ersten Leningrad-Aufenthalt her nur ein paar kümmerliche Wörter Russisch. Doch Günther, der weitblickende Begleiter, hatte vorgesorgt. In seinem Rucksack hatte er zwei Langenscheidt-Wörterbücher eingeschmuggelt, eines Deutsch-Russisch, das andere Russisch-Deutsch. Diese drückte er den beiden Zimmergenossen in die Hand. Und da sie den ganzen Tag nichts zu tun hatten – es ließ sich ja kaum mal ein Pfleger oder eine Schwester blicken und ein Arzt erst recht nicht–, führten sie mittels der Wörterbücher bald eine lebhafte Unterhaltung. Innerhalb von zwei Wochen lernte Gregor alle Wörter, die er nachher zur Verständigung mit Ärzten und Pflegepersonal benötigte.

Bevor Günther am Ankunftstag das Krankenhaus verließ, machte er zum Glück eine wichtige Entdeckung. Mein Papa hätte sonst nicht essen können. Jeder Patient hatte sein eigenes Essbesteck mitzubringen. Dadurch sollte vermieden werden, dass die Klinik laufend den Schwund, der durch Diebstahl entstand, mittels Neukauf ersetzen musste. Kein Problem, dachte Günther und fuhr in die Stadt, um für seinen Patienten ein Besteck zu besorgen. Doch weder in dem großen Zentralkaufhaus noch in irgendwelchen anderen Geschäften gab es Besteck zu kaufen. Was tun? Sein Patient konnte doch nicht sein Essen mit den Fingern in den Mund schieben, was besonders bei Suppe schwierig geworden wäre.

Für den Abend hatte sich Gruber mit den beiden Dolmetscherinnen und den zwei Herren vom BGS, die für die Bewachung des Konsulats zuständig waren, zum Essen verabredet. Sie wussten ein Restaurant, in dem man gegen Devisen einigermaßen gut essen konnte. Er erzählte ihnen von Papas Besteckproblem. »Nje Problema«, erklärten sie und jeder von ihnen ließ nach dem Essen ein Besteckteil verschwinden, sodass Gruber am Schluss der Mahlzeit für Gregor jeweils ein Messer, eine Gabel, einen Suppenlöffel sowie einen Teelöffel hatte.

Es dauerte keine zwei Wochen, da hatte die Stationsleitung spitzgekriegt, dass sich der Russe und der Deutsche zu gut verstanden, deshalb wurde der Polizist verlegt. Statt seiner kam nun ein anderer Patient in das Bett. Man hielt es aber nicht für notwendig, die Bettwäsche vorher zu wechseln. Die Hygienebestimmungen schrieben nämlich nur einen vierzehntägigen Wechsel vor.

Was dagegen Gregors Betreuer betraf, so nahmen sie die Hygienevorschriften mehr als genau. Als er seinen Patienten am Tag nach der Ankunft besuchen wollte, verlangte man, dass er seinen Kopf mit einer Mullbinde umwickle. Das lehnte er rundweg ab. Seine weißen Tennisschuhe sollte er an der Garderobe abstellen und stattdessen ein Paar ausgelatschte Klinikpantoffeln anziehen, ebenso einen weißen Kittel, der vormals weiß gewesen sein mochte. Nun sah er mehr grau als weiß aus und war total verschwitzt. Deshalb lehnte er künftig dieses Ansinnen ab, mit dem Hinweis, dass Ärzte und Pflegepersonal eigene Mäntel und Schuhe tragen durften. Also erschien er am folgenden Tag mit seiner eigenen weißen Pflegerkleidung und trug darüber seinen grauen Dienstanorak vom BRK. In dieser Aufmachung fuhr er einige Tage vom Hotel zur Klinik, bis er Anstoß erregte. Mit der herbeigerufenen Oberärztin einigte er sich darauf, dass er in der Klinik über der Pflegerkleidung einen von ihm mitgebrachten weißen Mantel tragen dürfe, der aber in der Klinik bleiben müsse. Unterwegs könnten ja irgendwelche Keime drankommen. Seine Tennisschuhe mussten täglich beim Betreten des Hauses desinfiziert werden.

Nach zwei Tagen war sein privater Mantel verschwunden. Weil er sich nach wie vor weigerte, einen hauseigenen Kittel zu tragen, gab es wieder Ärger. Er bestand darauf, seinen Mantel zurückzubekommen. Am fünften Tag war er tatsächlich wieder da. Von da an nahm er ihn jeden Tag mit nach Hause, Bakterien hin, Bakterien her. Dass er noch zwei Reservemäntel dabei hatte, gestand er erst bei der Abreise und ließ alle drei Mäntel im Krankenhaus zurück.

Jeden Abend rief er vom Hotel aus seine Frau an, natürlich auf eigene Kosten. Zum einen, um sie zu beruhigen, denn er würde ja wochenlang in Leningrad bleiben, zum anderen, damit sie den Mitgliedern von der BI bei Nachfrage Auskunft über ihren Schützling geben konnte. Verständlicherweise waren diese sehr an Gregors Ergehen interessiert. Auch übermittelte er uns über seine Frau Nachrichten von und über unseren Vater, was uns sehr beruhigte.

Der Ablauf des Telefonats war jedes Mal in etwa gleich: Anruf vom Zimmer in der Hotelrezeption, Verbindung mit der Auslandsvermittlung. Da sich jemand auf Russisch meldete, entspann sich folgender Dialog:

»Gibt es jemanden, der Deutsch spricht?« – »Njet.«

»Gibt es jemanden, der Englisch spricht?« – »Da.« (Ja)

»Gut, dann Englisch.« – »Gut.«

»Ich möchte ein Gespräch nach Deutschland anmelden.« – »Das ist jetzt nicht möglich.«

»Wann dann?« – »In einigen Stunden.«

»Gut, dann in einigen Stunden.«

»Wo wohnen Sie in Leningrad?« – »Im Hotel Leningrad.«

»Welche Zimmernummer?« – »Nummer 574.«

»Wie heißt der Ort in Deutschland?« – »Reichertshofen.«

»Wie ist die Telefonnummer in Deutschland?« Er nannte sie.

»Wie heißt der Teilnehmer in Deutschland?« – »Gruber.«

»Wie ist Ihr Name?« – »Gruber.«

»Sie können doch nicht mit sich selbst sprechen.« – »Nein, aber mit meiner Frau, die heißt zufällig auch Gruber.«

»Gut, dann später.«

Solche Anmeldegespräche wurden gegen 18 Uhr geführt. Mit schöner Regelmäßigkeit riss das Klingeln des Telefons den guten Gruber weit nach Mitternacht aus dem Schlaf. Jedes Mal sagte eine Stimme, gottlob auf Deutsch: »Ihr Gespräch aus der BRD.«

Am Anfang des Gespräches war Frau Gruber klar und deutlich zu hören, mit einem Schlag aber wurde ihre Stimme so leise, dass ihr Mann fast nichts mehr verstand. Er vermutete, dass sich jemand in das Gespräch eingeschaltet hatte. In der Fachsprache heißt das: Die Feldstärke bricht ein.

Anderntags klagte er darüber bei einem seiner Freunde vom BGS. Dieser gab ihm einen guten Rat, den er bei allen nachfolgenden Telefonaten befolgte. Jedes Mal, wenn die Stimme seiner Frau leiser wurde, rief er laut genug in die Sprechmuschel: »He, Iwan, schleich di aus der Leitung. Du störst hier nur, und es gibt nichts zu erfahren.«

Zu seiner Überraschung konnte Günther bei dieser Reise von seinem Hotel aus ohne Schwierigkeiten mit dem Taxi zur Klinik fahren. Sollte sich innerhalb der letzten neun

Monate so vieles zum Besseren gewendet haben? Oder lag es daran, dass er nun mit offizieller Erlaubnis in Leningrad weilte? Am ersten Tag riefen ihm seine »Kolleginnen«, also Pflegerinnen, von der Klinik aus ein Taxi für die Rückfahrt ins Hotel. Am nächsten Tag aber waren sie der Meinung, das sei auf Dauer für einen armen Krankenpfleger nicht angemessen und verwiesen ihn auf die Metro. Ganz in der Nähe war eine Station, also wanderte er dorthin. Nachdem er verstanden hatte, wie man ein Ticket löst und wie man an die gewünschte Station kommt, machte ihm das Metrofahren geradezu Spaß. Für fünf Kopeken, umgerechnet zwanzig Pfennig, konnte man den ganzen Tag hin- und herfahren, vorausgesetzt, man blieb im unterirdischen System.

Über die Verpflegung in der Klinik berichtete der Papa Folgendes: Zum Frühstück gab es Kaffee oder Tee und das bereits beschriebene Brot, Chleb genannt, offenbar die einzige Brotsorte, die in der UdSSR verfügbar war. Dieses war mit Käse belegt oder einer Art Marmelade bestrichen. Am Mittag gab es »Kascha« (einen undefinierbaren Brei aus Hirse oder Graupen) oder Borschtsch (Suppe mit Weißkraut und Roter Bete) oder Soljanka (Suppe von Fleisch oder

Fisch), dabei wurde mit Rahm nicht gespart. Dennoch schmeckte alles, nach Papas Aussage, schlecht, egal wie das Zeug hieß. Daher war seine Sehnsucht nach Zuhause nur zu verständlich.

Günther verpflegte sich im Restaurant des Hotels. Dort war die Auswahl laut Karte sehr reichlich, aber in Wirklichkeit gab es nicht annähernd die Hälfte von dem, was dort aufgeführt war.

In Gregors Zimmer ließen sich nach geraumer Zeit doch hin und wieder Krankenschwestern blicken. Nach anfänglicher Zurückhaltung wurden sie immer zugänglicher. Die meisten konnten auch ein bisschen Deutsch. Auf Gregors Frage, wo sie das gelernt hätten, antworteten sie: »In Medizinschule.« So wie in unseren Schulen Englisch als erste Fremdsprache gelehrt wird, ist dort offensichtlich Deutsch die erste Fremdsprache. Papa vermutete, die Schwestern seien deshalb so freundlich zu ihm, weil sie vielleicht den Hintergedanken hätten, er könne sie mit nach Deutschland nehmen, denn Deutschland galt bei ihnen als das Gelobte Land.

Die tägliche Morgentoilette bei seinem Patienten übernahm Günther selbst. Deshalb erschien er schon in aller Herrgottsfrühe. Etwa gleichzeitig tauchte eine recht gemütliche alte Krankenschwester auf, mit einem Gesicht wie ein tausendjähriger Lederapfel und fast zahnlos, um den anderen Patienten zu pflegen. Dieser wurde praktisch nie gewaschen. Staunend beobachteten Papa und Günther die Prozedur. Aus einer verbeulten Teekanne goss sie dem Kranken etwas Wasser über den kleinen Finger seiner rechten Hand, das sie in einer Nierenschale auffing. Mit diesem Finger putzte er sich beide Ohren aus. Dann bekam er Wasser in seine hohlen Hände, spülte damit den Mund aus, spuckte es wieder in die Hände und wusch sich damit das Gesicht. Dann trocknete sie ihn ab, mit einem undefinierbaren Etwas von Waschlappen. Das war's dann, also »karascho«, auf Bairisch »duats scho«.

Die Schwester ihrerseits schaute ungläubig zu, als Gruber die Morgentoilette an seinem Patienten vornahm. Er wusch ihn mit reichlich Wasser von Kopf bis Fuß mit einem Einmalwaschlappen. Die Schwester deutete auf diesen mit den Worten: »O Germanski njie Qualita, einmal und dann weg.« Dann hob sie ihren Waschlappen hoch mit der Erklärung: »Der schon fünf Jahre und noch immer gut.«

Großes Aufsehen erregten auch des Betreuers mitgebrachte Medikamente und Pflegemittel, die hier vollkommen unbekannt waren, so zum Beispiel Sprühpuder gegen Dekubitus oder Franzbranntwein, mit dem Günther meinen Vater täglich vom Hals abwärts einrieb als Vorbeugung gegen Wundliegen.

Nach zwei Wochen »Eingewöhnungszeit« ließen sich endlich auch Ärzte bei Gregor blicken, selbst Professor Ugrjumow. Sie gaben sich große Mühe, aber vor einem operativen Eingriff, den sich die beiden Russlandreisenden eigentlich erhofft hatten, scheute man offenbar zurück. Die beiden Dolmetscherinnen vom Konsulat tauchten mit schöner Regelmäßigkeit am Krankenbett auf, angeblich, um zu dolmetschen. Dabei sprach der Professor mit Sicherheit besser Deutsch als die beiden Damen Russisch. In den fünf Wochen von Gregors Aufenthalt war nichts geschehen. Die Ärzte hatten ihn nur immer wieder untersucht mit ihren primitiven Methoden, da hatte er in Murnau schon anderes erlebt. Keine Behandlung, nichts, noch nicht einmal Gymnastik oder Massagen. Er hatte nur herumgelegen, und dann schickten sie ihn wieder heim mit einem Gutachten.

Zu diesem erklärte der Professor dem Patienten und seinem Betreuer, er habe sich eingehend mit einem ganzen Stab von Spezialisten beraten – vierzehn Personen hatte Papa gezählt – und sie seien übereinstimmend zu der Meinung gekommen, man solle nicht operieren.

»Wissen Sie«, erklärte der Professor dem Günther: »Ein guter Chirurg überlegt erst siebenmal, bevor er schneidet. Die Untersuchungen haben Folgendes ergeben: Die Gefahr, dass eine Operation zu einer Verschlechterung des Zustandes oder gar zum Tod des Patienten führt, ist ungleich größer als die Aussicht auf eine Besserung.«

Nun erklärte ihm Günther, sein Patient würde sogar den Tod in Kauf nehmen, wenn wenigstens eine geringe Hoffnung bestünde, dass er wieder laufen könne. Aber auch diese winzige Hoffnung konnte ihm der Professor nicht geben. Wörtlich erklärte Ugrjumow: »Wenn wir einen unserer Landsleute in der gleichen Situation vor uns hätten, würden wir vermutlich operieren, selbst auf die Gefahr hin, dass er stirbt. Dieses Risiko bei einem Deutschen einzugehen, ist uns zu groß. Wir wollen nicht, dass am nächsten Tag in Ihrer BILD-Zeitung steht: Deutscher Patient hat Operation in Leningrad nicht überlebt.«

Humor hat er also auch noch, dachte Papas Betreuer, als sich der Professor per Handschlag von ihm verabschiedete. Gruber blieb nun die schwere Aufgabe, Gregor das niederschmetternde Ergebnis nach fünf Wochen Klinikaufenthalt beizubringen. Verständlich, dass Papa danach ziemlich niedergeschlagen war. Während des ganzen Rückfluges versuchte Günther, seinen Patienten mit allen Mitteln wieder aufzurichten. Etwa mit einem Erlebnis, das er an einem der letzten Abende in Leningrad gehabt hatte.

Demnach hatte Günther im Restaurant seines Hotels beim Essen allein an einem Tisch gesessen, der Platz für zwölf Personen bot. Da platzierte der Ober ein älteres Ehepaar dazu, das Deutsch sprach. Nach kurzer Zeit entwickelte sich ein sehr interessantes Gespräch:

Günther: »Entschuldigung, kommen Sie aus der DDR?«

Die Frau: »Nein, warum?«

Günther: »Sie sprechen Deutsch, und Westdeutsche laufen hier nur im Rudel herum und unter Aufsicht.«

Der Mann: »Sie sind ja auch alleine und Ihrem Dialekt nach kommen Sie aus Bayern. Von wo kommen Sie?«

Günther: »Aus München. Bei mir ist das etwas anderes, ich arbeite hier.«

Der Mann: »Das ist ja interessant. Wo arbeiten Sie denn?«

Günther: »In der Neurochirurgie, bei Professor Ugrjumow.«

Der Mann: »Dann kommen Sie aber nicht aus

München, sondern aus Pfaffenhofen. Dann sind Sie Günther Gruber.«

Dem Günther verschlägt nichts so leicht die Sprache, in diesem Moment aber doch.

Die Frau: »Dazu muss ich etwas erklären. Mein Mann ist der erste Sekretär der Deutschen Botschaft in Peking. Nach drei Jahren Aufenthalt in China wollen wir nun Urlaub in der Heimat machen. Auf diesem Wege schauten wir in Moskau vorbei und wollen nun noch ein bisschen was von Leningrad mitnehmen. In drei Tagen fliegen wir nach Hamburg.«

Der Mann: »In der Botschaft von Moskau sind Sie das Tagesgespräch. Es kann dort niemand begreifen, dass sich die Sowjetregierung so von Ihnen auf der Nase herumtanzen lässt. Alle einschlägigen Behörden und Ministerien hatten eine Untersuchung des Herrn Niedermeier durch Professor Ugrjumow abgelehnt. Aber da kommt jemand aus Bayern und setzt sich über alles hinweg. Fliegt einfach hierher, führt sich auf wie die Axt im Walde, und alle geben klein bei. Man hat in der Botschaft erwartet, dass man Sie zumindest als ›Persona non grata‹ des Landes verweist. Stattdessen dringen Sie zum Professor vor. Der untersucht den Patienten sogar, obwohl er weiß, dass keine Erlaubnis vorliegt. Dann erreichen

Sie auch noch, dass man eine offizielle Einreisegenehmigung erteilt, und Sie erhalten die Möglichkeit einer Behandlung des Patienten durch den Professor. Das alles widerspricht den normalen diplomatischen Abläufen. Es findet hier etwas statt, das es eigentlich nicht gibt.«

Günther hatte nur vielsagend mit den Schultern gezuckt, und dann war es noch ein sehr unterhaltsamer Abend geworden.

Auch mit dieser Geschichte vermochte es Günther nicht, seinen tief enttäuschten Patienten wieder aufzumuntern.

Selbst Grubers Bemerkung, dass die BI für Gregors Aufenthalt in der Klinik keinen Pfennig, Verzeihung, keine Kopeke hatte zahlen müssen (es war alles auf Staatskosten gegangen), erhellte Gregors Stimmung nicht.

Der Bürgerinitiative blieb also eine ganze Menge von dem gespendeten Geld übrig. Dieses bildete den Grundstock für den Verein »Familien in Not«, der daraufhin gegründet wurde und für den der ILMGAU KURIER seitdem alljährlich vor Weihnachten zu Spenden aufruft.

Als der Papa nach Hause kam, brauchte er uns gar nicht viel zu erzählen. Wir sahen ja, dass er noch immer im Rollstuhl saß, zudem sah er sehr niedergeschlagen aus. Nach seiner ersten Russlandreise hatte er uns Kinder getröstet, nach der Rückkehr von der zweiten Russlandreise war es an uns, ihn wieder aufzubauen. Sohn Gregor sagte: »Papa, das ist doch gar nicht so schlimm, dass du nicht laufen kannst. Mit deinem Rollstuhl kommst du doch überall hin.«

»Nicht überall«, widersprach er. »Zum Beispiel komme ich nicht in den ersten Stock.« Darauf erklärte Marlene: »Das musst du auch gar nicht. Wenn was zu holen oder raufzubringen ist, machen wir das. Wir leihen dir unsere Beine.« Wir anderen nickten zustimmend. Da lächelte er wehmütig und strich jedem von uns über den Kopf. »Ja, ihr seid gute Kinder. Ich bin froh, dass ich euch habe.«

Der traurige Zug um seinen Mund wollte trotzdem nicht weichen. Am nächsten Tag versuchten wir ihn aufzumuntern, indem wir ihm kleine Erlebnisse erzählten, die wir während seiner Abwesenheit gehabt hatten. Dann fiel uns ein, dass wir inzwischen die Sommerzeugnisse bekommen hatten. Da sie gut ausgefallen waren, konnten wir sie ihm voller Stolz zeigen, in der Hoffnung, dass er sich darüber freute. Er freute sich tatsächlich und lobte uns. Aber seine Traurigkeit blieb.

Wie ein Retter in der Not tauchte überraschend sein Freund, der Pfarrer, auf. »Da bist du ja wieder, du Weltreisender«, begrüßte dieser ihn lachend.

»Ja, ich bin von einer Reise zurück, die nichts gebracht hat«, entgegnete Papa resigniert.

Der Pfarrer versuchte, ihn aufzumuntern: »Gregor, schau dir doch die ganze Sache mal von der positiven Seite an. Du hast zweifellos zwei interessante Reisen gehabt, du hast viel von Leningrad zu sehen gekriegt. Welcher Querschnittsgelähmte hat schon eine solche Möglichkeit?«

»Das stimmt schon. Aber bei der zweiten Reise habe ich so gut wie nichts zu sehen gekriegt. Fünf Wochen lag ich in der primitiven Klinik, wo es nur scheußliches Essen gab.«

»Auch das ist eine Erfahrung, die nicht jeder hat. Mit Sicherheit hast du dort auch einige interessante Leute kennengelernt.«

»Ja, schon, aber im Grunde genommen war alles für die Katz. Das ganze schöne Geld von den braven Spendern aus dem Fenster geschmissen«, äußerte Papa verbittert.

Ab da bekamen wir das Gespräch nicht mehr mit, weil unser Vater uns hinausschickte zum Spielen.

Einige Jahre später hat er mir von den vielen Gesprächen erzählt, die er danach noch mit dem Pfarrer geführt hat. Worüber er mit ihm an welchem Tag gesprochen hat, konnte er mir nicht mehr sagen, uns fiel nur auf, dass der Papa nach jedem Besuch des Pfarrers ein bisschen besser gelaunt war. So einige Zwiegespräche hat mir mein Vater wörtlich wiederholt.

Zum Beispiel hatte ihm der Pfarrer gut zugeredet: »Aber geh, Gregor, du darfst nicht alles so negativ sehen.«

»Wieso soll ich das nicht negativ sehen? Ich mache die weite Reise nach Leningrad unter unsäglichen Strapazen. Die braven Bürger spenden eine Menge Geld, und was ist? Ich kann meine Beine nach wie vor nicht gebrauchen, nur weil die sich nicht getraut haben, mich zu operieren.«

»Darüber solltest du froh sein. Das haben die sich reichlich überlegt. Wahrscheinlich hättest du die Operation nicht überlebt.«

»Und wenn schon? Dann ginge es mir jetzt besser. Dann wäre ich kein bedauernswerter Krüppel mehr.«

»Aber Gregor! Und deine Kinder? Würdest du wirklich wollen, dass sie als Vollwaisen aufwachsen, von der Gnade fremder Menschen abhängig?«

»Was haben sie denn von mir? Ich kann doch gar nichts für sie tun, falle ihnen höchstes zur Last.«

»Du musst nicht immer das sehen, was du nicht hast. Gut, du kannst nicht laufen, aber du hast keine Schmerzen. Schau mal, was dir alles geblieben ist. Du hast gesunde Arme und Hände und kannst damit eine Menge tun. Du hast einen klaren Kopf und musst ihn nur richtig gebrauchen. Du hast liebe Freunde und Verwandte, die sich um dich kümmern. Du wohnst in einem schönen Haus, du hast ein Einkommen, von dem du gut leben kannst. Und nicht zuletzt hast du prachtvolle Kinder, die mit großer Liebe an dir hängen.«

Solche und ähnliche Reden muss der Pfarrer ihm gehalten haben. Denn mit der Zeit wurde Papa immer zufriedener. Und Weihnachten feierten wir wieder alle fröhlich zusammen, mit Oma, Opa und dem Pfarrer. Während wir in der Kirche waren, hatte die Nachbarin wieder alles liebevoll vorbereitet. Inzwischen wusste ich längst, dass sie das Christkind bei uns spielte, aber mit Rücksicht auf die Kleinen hielt ich den Mund und machte das Spielchen mit. Wir bekamen sogar Geschenke vom Verein »Familien in Not«, nämlich einen Plattenspieler und einen

Kassettenrekorder, wahrscheinlich als Trost-pflaster, weil die Reise dem Papa nicht den erhofften Erfolg gebracht hatte. Die Oma hat-te zu diesem Fest besonders gute Platzerl ge-backen und mehr Sorten als sonst. Niemand von uns konnte ahnen, dass dies Omas letztes Weihnachtsfest sein sollte.

Die Stiefmutter

Im neuen Jahr beschäftigte mich erneut ein Gedanke, der mir früher schon zu schaffen gemacht hatte, und über den musste ich unbedingt mit meinem Vater sprechen. Es galt nur, die passende Gelegenheit abzuwarten.

Diese schien eines Abends gekommen. Es war einige Monate vor meinem elften Geburtstag, der Papa war gut drauf, meine Geschwister schliefen bereits, da schmiegte ich mich wie ein Kätzchen an meinen Vater und fragte: »Hast du eigentlich nie daran gedacht, wieder zu heiraten?«

Überrascht schaute er mich an. »Ja, Kind, wie kommst du denn darauf?«

»Nur so. Die Mama ist doch schon fünf Jahre tot. Da hätte es doch leicht sein können, dass du wieder ans Heiraten denkst.«

Er lachte: »Nein, Vroni, daran habe ich wirklich nie gedacht. Wer aber daran gedacht hatte, war unser lieber Freund, der Herr Pfarrer.«

Nun war das Staunen an mir: »Der Herr Pfarrer?«

»Ja, er hat sich eingebildet, er müsse mir unbedingt eine Frau zubringen.«

»Hat er das? Davon habe ich ja gar nichts gemerkt.«

»Ja, er ist sehr diskret zu Werke gegangen. Die Heiratskandidatinnen stellte er mir immer vor, wenn ihr schon in tiefem Schlummer lagt.«

Es war sein Glück, dass der Pfarrer so diskret vorgegangen war und ich nichts davon mitbekommen hatte, sonst wäre ich nicht mehr gut auf ihn zu sprechen gewesen.

Denn wie bereits erwähnt, hatte ich große Angst davor gehabt, eine Stiefmutter zu bekommen. Näher wollte sich der Papa zu des Pfarrers Vermittlungsversuchen nicht äußern. Aber ich gab keine Ruhe. Neugierig, wie ich war, bettelte und schmeichelte ich so lange, bis er zu erzählen begann: »Gleich nach dem Trauerjahr stellte der Pfarrer mir die erste Frau vor. Sie war eine verwitwete Bauerntochter, deren Mann, ein Postbeamter, früh an Krebs gestorben war. Sie war etwa in meinem Alter und hatte zwei Kinder. Am nächsten Tag wollte der Pfarrer hören, wie mir die Frau gefallen habe. ›Ob gefallen oder nicht, das ist hier nicht die Frage‹, entgegnete ich. ›Sie hat zwei Kinder, und ich habe vier. Zweierlei Kinder, das gibt nur Probleme.‹

Einige Monate danach kreuzte der Pfarrer erneut mit einer Heiratskandidatin auf. Sie war ledig, einige Jahre jünger als ich und stammte ebenfalls von einem Bauernhof.

Auf des Pfarrers Nachfrage enttäuschte ich ihn abermals: ›Wenn sie bis jetzt ledig war, soll sie es weiterhin bleiben. Sie hat ja keine Erfahrung mit Kindern. Vier kleine Kinder und ein behinderter Mann wären eine zu große Belastung für sie. Übrigens Pfarrer, gib dir keine Mühe mehr, ich werde nicht wieder heiraten.‹

›Ach Gregor, du bist doch noch so jung, so kannst du doch nicht weiterleben. Du brauchst eine Mutter für deine Kinder, eine Frau für den Haushalt und eine Frau, die dich pflegt.‹

›Aber Pfarrer, das wären ja gleich drei auf einmal‹, scherzte ich. ›So viel mir bekannt ist, erlaubt die katholische Kirche keine Vielweiberei.‹

›Gregor, du mit deinen Witzen, du weißt genau, wie ich das gemeint habe. Ihr braucht dringend Hilfe.‹

›Lass gut sein, Pfarrer. Wir kommen ganz gut zurecht.‹

Doch Hochwürden gab nicht auf. Einige Monate später brachte er eine weitere potenzielle Hochzeiterin daher. Wie die beiden anderen sah auch sie nicht übel aus, stammte ebenfalls von einem Bauernhof und war ebenfalls verwitwet. Sie war fünf Jahre älter als ich und hatte zwei fast erwachsene Kinder. Als der Pfarrer zum Nachfragen kam, ließ er mich zunächst nicht zu Wort kommen: ›An der solltest du aber nichts auszusetzen haben. Sie bringt die nötige Erfahrung mit Kindern mit, und ihr Vorteil ist, ihre Kinder sind schon aus dem Haus. Also sollte es von daher keine Probleme geben.‹

›Das klingt alles ganz gut und schön. Aber, Pfarrer, begreif es doch endlich, ich will nicht mehr heiraten, selbst wenn du mir eine Frau malst. Du verschwendest nur deine Zeit. Mir ist es peinlich, dass ich die Frauen enttäuschen muss, und für die ist es gewiss auch nicht angenehm, wie ein Stück Schlachtvieh vorgeführt zu werden.‹

Da endlich gab unser Seelsorger auf. Mit Erleichterung stellte ich fest, dass er nur Frauen gebracht hatte, die von weit her gekommen waren, so besteht wenigstens nicht die Gefahr, dass mir mal eine von ihnen über den Weg läuft.«

Mit großem Interesse und wachsender Beruhigung war ich Papas Ausführungen gefolgt. Obwohl ich noch so jung war, hatte ich herausgehört, dass er dem Pfarrer gegenüber nur Ausreden gebraucht hatte. Mich interessierte nun, was in Wahrheit dahinter steckte: »Und was war der wirkliche Grund, warum du nicht wieder geheiratet hast?«

»Ach, Kind, das ist eine traurige Geschichte.«
Er seufzte abgrundtief. »Dafür bist du noch zu jung.«

So schnell ließ ich mich jedoch nicht abspeisen. Mit honigsüßen Worten bettelte ich so lange, bis er sich erweichen ließ. Der Zeitpunkt war auch insofern günstig, als es ein Samstagabend war. Das bedeutete, dass ich am folgenden Morgen nicht ganz so früh raus musste. »Also gut, setz dich zu mir.«

Das ließ ich mir nicht zweimal sagen. Ich rückte einen Schemel neben seinen Rollstuhl, hockte mich zu seinen Füßen hin und lehnte meinen Kopf gegen seine toten Beine.

Er begann: »Gut, weilst gar keine Ruhe gibst, sollst es erfahren. Es ist aber eine lange Geschichte.«

»Das macht nichts, ich liebe lange Geschichten.«

»Als ich drei Jahre alt war, geschah ein schlimmes Unglück. Meine Mutter, die hochschwanger war, hatte auf dem Dachboden die trockene Wäsche von der Leine genommen. Auf dem Weg nach unten, mit dem Waschkorb in beiden Händen, machte sie wohl schon auf der obersten Stufe einen Fehltritt. Sie stürzte die ganze Treppe hinab und blieb schwer verletzt liegen.

Kurz darauf setzten heftige Blutungen ein. Der herbeigerufene Arzt konnte weder sie noch das Kind retten. Nun stand mein Vater da mit fünf kleinen Kindern, von denen das älteste sieben und das jüngste zwei Jahre alt war. Eigentlich hätte er sieben Kinder gehabt, aber der Sebastian war unmittelbar nach seiner Geburt gestorben und die Susi als Kleinkind, kurz bevor das Unglück mit der Mutter geschah. Das Kind, das sie mit ins Grab genommen hat, wäre Vaters achtes Kind gewesen.

In seiner Not wusste er sich nicht anders zu helfen, als die Familie auseinanderzureißen. Die drei Jüngsten, den Alfred, mich und die Traudl lieferte er bei unserer Oma Liesl ab, der Mutter seiner Frau. Dort verbrachte ich die beiden glücklichsten Jahre meiner Kindheit. Von den tragischen Umständen des Todes meiner Mutter hatte ich nichts mitbekommen, dazu war ich noch zu jung gewesen. Oma Liesl war es, die mir alles erzählte, als ich verständig genug war.

Die beiden Ältesten, den Paul und die Klara, behielt der Vater bei sich. Mit den beiden kam er ganz gut zurecht. Wollte er seinen Hof erhalten und seine Familie wieder zusammenführen, blieb ihm nichts anderes übrig, als so schnell wie möglich wieder eine Frau zu finden. Doch die

Auswahl war nicht sehr groß. Wer will schon einen Witwer mit fünf kleinen Kindern? Das Einzige, womit er eine Frau überhaupt locken konnte, war sein ansehnliches Sach. Und von diesem schien dann Elfriede sehr angetan. Das bekamen wir Kinder schon früh mit. Nach dem schicklichen Trauerjahr führte der Vater sie als seine zweite Frau zum Altar. Ein Jahr später durften die Traudl und ich ins Vaterhaus zurückkehren, während Alfred freiwillig bei der Oma blieb. Vielleicht war es das Vernünftigste, was er tun konnte. Wir beiden anderen hatten uns narrisch darauf gefreut, endlich wieder eine Mutter zu haben und wieder daheim mit dem Vater und den großen Geschwistern zusammen sein zu können. Unsere Freude wurde noch dadurch gesteigert, dass wir beim Einzug ins Elternhaus die kleine Rosi in der Wiege vorfanden. Sie war erst wenige Wochen alt. Doch schon bald erfolgte eine bittere Enttäuschung für uns. Für die Kinder aus Vaters erster Ehe sollte eine schlimme Zeit anbrechen.«

Während der kurzen Sprechpause, die der Vater einlegte, verhielt ich mich ganz still, um ihn nicht in seinen Gedanken zu stören. Sinnierend fuhr er fort, ohne dass ich den Zusammenhang gleich verstand: »Für mich war es erschütternd, zu erkennen, wie sich das Schicksal wiederholt. Als meine Mutter im Alter von dreißig Jahren starb, war ich genau drei Jahre und zwei Monate alt. Und als eure Mutter starb, war sie ebenfalls dreißig, und unser Bub war exakt drei Jahre und zwei Monate alt. Damit sich das weitere Schicksal nicht auch noch an euch wiederholt, habe ich nach dem Tod meiner Frau auf eine Wiederheirat verzichtet.«

Erneut hielt er inne und wischte sich mit seinem Taschentuch verstohlen über die Augen. Nachdem er sich einigermaßen gefasst hatte, drängte ich: »Bitte, Papa, erzähl doch weiter.«

»Interessiert dich das wirklich?«, vergewisserte er sich.

»Freilich, ich möchte doch wissen, wie es euch bei der Stiefmutter ergangen ist.«

Er hustete, als ob er einen Kloß im Hals weghusten müsse, ehe er weitersprach: »Ein altes Sprichwort sagt: ›Eine Stiefmutter macht schnell einen Stiefvater.‹ Dass diese Volkweisheit stimmt, bekamen wir fünf Geschwister bald auf bittere Weise am eigenen Leib zu spüren. Die Stiefmutter hat uns nicht mögen. Wir merkten, dass ihr die eigenen Kinder mehr galten als wir. Allerdings war sie zu diesen auch nicht besonders nett. Die Frau hatte keine Seele. Sie setzte zwar ein Kind nach dem anderen in die Welt, kümmerte sich aber herzlich wenig um sie. Die Arbeit mit ihnen überließ sie meiner achtjährigen Schwester Klara. Wenn diese von der Schule heimkam, hatte sie stets die Kleine am Hals. Im Jahr darauf wurde Theo geboren, da hatte Klara schon zwei Kinder zu hüten. Um den Andi, der ein Jahr nach dem Theo auf die Welt kam, brauchte sie sich allerdings nicht lange zu kümmern. Der starb nach wenigen Monaten. Er habe die Kuhmilch nicht vertragen, hieß es. Als das vierte Kind der Stiefmutter geboren wurde, war meine Schwester Traudl schon alt genug, um für die kleine Agnes als Kindsmagd zu dienen. Ich selbst bin im Herbst in die erste Klasse gekommen. Das Lernen machte mir richtig Freude. Die Sommerferien im Jahr darauf durfte ich mit Alfred, der gerade die zweite Klasse hinter sich hatte, bei Oma Liesl verbringen. Das waren herrliche vier Wochen. Da durfte ich noch mal richtig Kind sein. Danach war die Kindheit für mich endgültig vorbei. In allen nachfolgenden Ferien musste ich daheim bleiben und bei der Ernte helfen. Bald wurde auch Alfred nach Hause beordert, weil der Vater eine zusätzliche Arbeitskraft brauchte. Die Stiefmutter brachte unterdessen weitere Kinder zur Welt, bis es neun waren.

Von diesen überlebten aber nur sechs, sodass meinem Vater immerhin die stattliche Schar von elf Kindern blieb. Für diese galt es, Brot und Kleidung heranzuschaffen und was man sonst noch zum Leben braucht. Der Hof aber warf immer weniger ab, weil der Vater nicht zu wirtschaften verstand. Wir hatten kaum satt zu essen und waren stets sehr ärmlich gekleidet, obwohl der Vater Hopfengärten besaß und andere fruchtbare Böden. Statt seinen Ertrag zu steigern, wie andere Bauern das machten, ging es bei uns ständig bergab. ›Ich habe halt kein Glück mit der Landwirtschaft‹, war sein übliches Klagelied. Doch, obwohl ich noch ein Bub war, erkannte ich, dass es nicht am mangelnden Glück lag, sondern an seiner ausgeprägten Faulheit, gepaart mit Unfähigkeit und einer großen Portion Sturheit. Gut gemeinte Empfehlungen von anderen Bauern schlug er einfach in den Wind. Gewiss, die Schuld dafür, dass er ein so miserabler Bauer war, lag nicht allein bei ihm, sondern auch bei seiner Mutter.«

Der Vater seufzte tief. Diese kleine Pause nutzte ich, um erstaunt die Frage zu stellen: »Wieso bei seiner Mutter?«

Der Vater fuhr fort: »Er war als ältester Sohn

von vier Kindern auf dem elterlichen Hof geboren worden, und man hatte ihn von Anfang an als Kronprinz erzogen. Nach dem Gesetz galt bei uns immer der erstgeborene Sohn als Hoferbe. Als solcher hätte er sich eigentlich von klein auf befleißigen müssen, möglichst viel von Ackerbau und Viehzucht zu lernen. Der Vater hielt ihn auch immer wieder dazu an. Der Sohn mochte jedoch nicht so recht. Anstatt ihn an die Arbeit heranzuführen, bestärkte die Mutter ihren Liebling noch in seiner Faulheit. ›Ah, geh, Paul‹, sagte sie zu ihrem Mann. ›Warum soll sich der arme Bub abschinden? Du hast doch genug Knechte dafür.‹

Mein Vater tat sich also weder in der Landwirtschaft hervor noch zeigte er Interesse für irgendeinen anderen Beruf. Er begnügte sich damit, ›Sohn‹ zu sein.

Sein jüngerer Bruder dagegen war nicht nur hochintelligent, er war auch sehr fleißig. Er wurde Lehrer, ist aber leider 1943 in Russland gefallen.

Gewiss, mein Großvater hatte genug Knechte gehabt, und als er im Jahre 1935 starb, hinterließ er diese seinem Sohn Paul mitsamt dem blühenden Besitz. Die hundert Tagwerk Grund bestanden zum Teil aus Hopfengärten, die man im Volksmund gerne als Goldgrube bezeichnet, und auch seine anderen Gründe waren von ausgezeichneter Qualität. Im Stall standen fünfundzwanzig Stück prächtiges Vieh, dazu vier starke Ackerpferde, zwei Boxen mit je zehn Mastschweinen und rund zwei Dutzend Hühner. Doch wenn der Herr nicht selbst mitarbeitet und nichts von der Sache versteht, machen die Knechte, was sie wollen.

Schon kurze Zeit, nachdem mein Vater den Hof übernommen hatte, musste er einen Knecht nach dem anderen entlassen, weil der Hof nicht genug abwarf. Abgesehen davon gab es auch bald keine Knechte mehr, denn ab September 1939 mussten viele junge Männer in den Krieg ziehen. Dass er selbst nicht zum Kriegsdienst herangezogen wurde, verdankte er der Tatsache, dass man Bauern verschonte, weil sie ja Nahrung produzieren mussten für die Soldaten und die Zivilbevölkerung. Außerdem hatte er noch den Bonus, mehrfacher Familienvater zu sein. Mit Gretl, meiner Mutter, hatte er ausgesprochenes Glück gehabt. Sie war eine tüchtige Bäuerin gewesen, die überall zuzupacken verstand. Ihrer Tatkraft war es zu verdanken, dass der Hof nicht noch schneller heruntergewirtschaftet wurde. Von seiner zweiten Frau hatte der Vater vermutlich einen ähnlichen Einsatz erwartet. Diese war aber stinkfaul. Freilich, am Anfang hatte sie noch einen gewissen Fleiß an den Tag gelegt. Dieser ließ aber nach der Geburt des zweiten Kindes merklich nach. Im Stall rührte sie von dem Tag an keinen Finger mehr. Allerdings, wer will es der Frau verdenken, dass sie sich in der Landwirtschaft nicht zerriss, wenn sie jedes Jahr in die Wochen kam.

Die Arbeiten im Stall überließ sie voll und ganz ihrem Mann und meinen älteren Geschwistern. Sie begnügte sich damit, die Eier aus den Nestern zu sammeln.

Dass die Hopfenarbeit Männersache ist, war klar. Und bei der übrigen Feldarbeit zog sie sich ebenfalls nach und nach zurück. Deshalb spannte der Vater seinen Ältesten und Alfred, seinen zweiten Sohn, ordentlich ein. Und ich kam auch bald an die Reihe. Mit acht Jahren musste ich schon melken lernen und hatte jeden Morgen um sechs Uhr im Stall zu erscheinen. Oft noch vor dem ersten Hahnenschrei warf uns der Vater unbarmherzig aus dem Bett, während Madame Stiefmutter bis in den hellen Tag liegen blieb. Auch auf den Feldern wurde ich früh eingesetzt und arbeitete oft bis an die Grenzen meiner Kraft.

Wie es bei uns üblich war, wurde ich nach meiner Erstkommunion Ministrant. Anfangs gefiel mir diese Aufgabe noch. Der Pfarrer aber verstand es, einem den letzten Rest Freude an diesem Dienst zu nehmen. Von den Ministranten, die für den täglichen Werktagsgottesdienst eingeteilt waren, verlangte er, dass sie zehn vor sieben in der Sakristei erschienen. Das schaffte ich aber nicht immer, weil sich manche Kuh beim Melken bockig anstellte. Wenn ich in letzter Minute angehetzt kam, gab es mit seinen geweihten Händen rechts und links eine saftige Watschn. Diese Reaktion empfand ich als sehr ungerecht. Bevor er zuschlug, hätte er doch mal fragen können, warum ich so spät dran war.

Noch heute wundere ich mich, dass von uns Kindern in der Schule nie eines sitzen geblieben ist. Wir hatten daheim ja keine Zeit zum Lernen. Mit den Hausaufgaben konnten wir immer erst nach dem Nachtessen anfangen, da wurde es meist spät, bis wir fertig waren. In der Schule fielen uns manchmal sogar die Augen zu, weil wir ständig zu wenig Schlaf bekamen. Wir haben ja in der Früh um halb fünf aufstehen müssen und abends kamen wir nicht vor zehn ins Bett.

Wenn die Stiefmutter ihre Energie wenigstens in den Haushalt gesteckt hätte! Aber Hausfrau war sie auch keine. Sie überließ immer mehr Aufgaben meinen Schwestern. Spülen und abtrocknen mussten sie schon von klein auf. Bald kamen waschen, putzen, bügeln und die Gartenarbeit dazu. Das Einzige, was Madame noch selbst tat, war kochen. Ihre eigenen Kinder wurden geschont. Gewiss, sie waren ein paar Jahre jünger als wir, aber auch als sie in dem Alter waren, in dem wir schon fest hatten zupacken müssen, brauchten sie nichts zu tun.

Mit meinem Vater zusammenzuarbeiten, war kein Zuckerschlecken. Wenn er etwas machte, das nicht so klappte, wie er es sich vorgestellt hatte, wurde er sehr jähzornig. Und wer gerade in seiner Nähe war, der musste das aushalten. Einmal, ich war erst acht, hat er mir vor lauter Wut die Heugabel in den Hintern gerammt. Die Zinken stachen durch bis auf die Knochen. Vor Schmerz schrie ich laut auf. Doch es gab niemanden, der mich getröstet oder gar verarztet hätte.

Für jedes Kind aus seiner zweiten Ehe hatte der Vater gleich einen Bausparvertrag abgeschlossen, mit dem Geld, das durch die Arbeit unserer Hände verdient worden war. Für uns dagegen reichte es noch nicht mal, um eine Krankenkasse zu zahlen. Deshalb durften wir auch nie zum Arzt gehen. Wie immer, wenn ich Kummer oder Verdruss hatte, schlich ich zu Dora, meinem Lieblingsross, lehnte meinen Kopf an seinen Hals und weinte mich aus. Die Dora war so gescheit, dass sie schon bald erkannt hat, wann ich Trost brauchte. Wenn ich mich weinend ins Heu fallen ließ, hörte sie sogar auf zu fressen, wandte mir ihren Kopf zu und streichelte mich damit. Dieses Ross war schließlich so vertraut mit mir, dass ich im Hof nur seinen Namen zu rufen brauchte, und schon antwortete es. Das tat es aber nur bei mir. Jeder andere konnte rufen, wie er wollte, da kam keine Antwort. Dora hat meine Stimme genau gekannt.

Um die Einstiche an meinem Hintern herum wurde es mit der Zeit grün und gelb und blau. Das konnte ich selbst aber nicht sehen. Weil ich bald nicht mehr sitzen konnte und spürte, dass aus den Wunden eine Flüssigkeit quoll, wandte ich mich an unsere Flüchtlingsfrau. Wie alle Bauern rundum hatten wir nach dem Krieg Einquartierung bekommen. Die Frau war sehr nett, und immer wenn eins von uns Kindern aus erster Ehe einen Kummer oder eine Verletzung hatte, gingen wir zu ihr. Zu unserer Stiefmutter brauchten wir damit ja nicht zu kommen.

Als ich es vor Schmerzen nicht mehr aushielt, ging ich zu unserer Flüchtlingsfrau und entblößte voller Vertrauen mein Hinterteil. Entsetzt schlug sie die Hände zusammen. ›Mein Gott, Junge, dein Popo ist ja total vereitert. Wie ist denn das passiert?‹

Bevor sie sich aber meine Geschichte anhörte, behandelte sie meine Wunden mit einem Desinfektionsmittel und legte Mulllappen auf, die sie mit Heftpflaster befestigte. Sie machte das sehr geschickt, im Krieg war sie nämlich Rot-Kreuz-Schwester gewesen. Nachdem ich ihr das Vorkommnis mit der Heugabel geschildert hatte, wollte sie wissen, wann denn das gewesen sei. ›Das ist eine Woche her‹, erinnerte ich mich. ›Dann lohnt eine Tetanusimpfung auch nicht mehr‹, überlegte sie laut. ›Du kannst von Glück reden, dass du keinen Wundstarrkrampf bekommen hast.‹

Weil also das Zusammenarbeiten mit meinem Vater so schwierig war, konnte ich es kaum erwarten, aus der Schule entlassen zu werden. Dann wollte ich weg, einfach nur raus aus der Tretmühle. Mein Bestreben war es nicht nur, der Familie zu entrinnen, ich wollte auch fort aus diesem Betrieb. Denn ich hatte, wie schon gesagt, längst erkannt, dass ich bei meinem Vater nicht wirklich etwas lernen konnte. Er verstand ja selbst nichts von seinem ›Handwerk‹. Gerade zur rechten Zeit kam mir ein glücklicher Zufall zu Hilfe. Ein Bauer aus dem Nachbarort sprach mich am Sonntag nach dem Gottesdienst an, ob ich nicht auf seinem Hof Lehrling werden wolle. Begeistert sagte ich zu und nahm die Stelle gleich am Tag nach meiner Schulentlassung an. Obwohl ich bei ihm viel lernte und eine angenehme Zeit hatte, wechselte ich nach einem Jahr auf einen größeren Hof. Dort erhoffte ich mir, noch einige andere Dinge zu lernen. Doch ich war noch kein ganzes Jahr dort, da kreuzte mein Vater auf und zitierte mich nach Hause.

Meinem Bruder Paul, inzwischen neunzehn Jahre alt, war es nämlich auch zu blöd geworden, sich ohne Lohn daheim abzurackern. Er hatte sich als Knecht bei einem Großbauern verdingt, der etwa dreißig Kilometer entfernt wohnte.

Wieder im elterlichen Betrieb, setzte ich mich mit aller Kraft ein und versuchte, mein neuerworbenes Wissen anzuwenden. Aber statt dankbar zu sein, warf mir mein Vater stets Knüppel zwischen die Beine. Zusätzlich hagelte es von der Stiefmutter ständig Beschimpfungen und Vorwürfe. Ein Jahr hielt ich durch, dann hatte ich die Nase endgültig voll. Nach dem sonntäglichen Hochamt pflegten die Bauern noch auf dem Kirchplatz zusammenzustehen, um die Neuigkeiten der verflossenen Woche auszutauschen. Unauffällig gesellte ich mich zu ihnen und hörte nur zu. In einer Gesprächspause fragte ich in die Runde, ob sie nicht jemanden wüssten, der einen Lehrling braucht. Mein Ehrgeiz war es nämlich, meine Ausbildung fortzusetzen und nicht irgendwo als einfacher Knecht mein Dasein zu fristen. Man nannte mir tatsächlich einen Bauern, der einen Lehrbub suchte. Dessen Hof lag aber zu weit weg, als dass ich noch daheim hatte wohnen können. Das war mir gerade recht. Ja, das sah ich als Idealfall an. Sollte dieser Bauer mich nehmen, könnte man von zu Hause nicht jederzeit auf mich zurückgreifen. Ich ließ mir die Adresse nennen und beschreiben, wie der Hof zu finden sei.

Anschließend nahm ich meinen ganzen Mut zusammen, um meinem Vater meinen Entschluss mitzuteilen. Doch das befürchtete Donnerwetter blieb aus. Zu meinem Erstaunen war er nicht dagegen. Ja, er erklärte sich sogar bereit, mich zu einem Vorstellungsgespräch zu fahren. Das sah ich als großes Entgegenkommen an. Der Vater hatte erst kurz vorher – nachdem er schon seit Langem den Schlepperführerschein besaß – mit Erfolg die Fahrprüfung für Pkw abgelegt und sich einen gebrauchten VW gekauft. Gleich nach dem Mittagessen fuhren wir los. Unterwegs ermahnte er mich: ›Erzähl dem Bauern bloß nicht, wo du herkommst, und vor allen Dingen, sage ihm nicht zu.‹

›Was soll jetzt das?‹, wollte ich wissen. Bevor er mir antwortete, schien er sich erst eine Ausrede zu überlegen. Schließlich erklärte er, es sei nicht gut, wenn man beim Erstbesten zusage. Man verbaue sich sonst weitere Möglichkeiten. Das leuchtete mir nur halbwegs ein, ich hatte ja gar keine anderen Möglichkeiten. Worüber ich mich aber noch mehr wunderte: Der Vater fuhr zügig an dem gesuchten Hof vorbei, obwohl ich: ›Halt, halt‹, rief. Erst einige hundert Meter weiter ließ er mich aussteigen. Dabei schärfte er mir noch mal ein: ›Denk dran, was ich dir gesagt habe.‹

Danach stiefelte ich ein gutes Stück zurück und steuerte auf den bewussten Hof zu. Zu meiner Freude trat der Bauer gerade aus der Haustür. ›Mein Name ist Gregor‹, stellte ich mich vor. ›Ich habe gehört, du suchst einen Lehrling.‹

›Das stimmt‹, antwortete er lachend. ›Du kommst ja daher wie gerufen.‹ Dann ließ er mich zunächst einen Blick in die Ställe werfen und führte mich anschließend durchs ganze Haus. Das alles machte einen sehr guten Eindruck auf mich, ebenso seine Person selbst. Als wir in die Küche traten, fragte er: ›Bist schon sechzehn?‹ Ich nickte.

›Dann darfst schon eine Halbe trinken.‹ Er bedeutete mir, mich auf der Eckbank niederzulassen, und zauberte aus der Speisekammer zwei Flaschen Bier herbei. Mit diesen stießen wir an. Während wir aus den Flaschen unser Bier tranken, stellte er mir einige Fragen, die sich auf die Land- und Viehwirtschaft bezogen. Diese konnte ich alle zu seiner Zufriedenheit beantworten. Schließlich kam die befürchtete Frage: ›Wo kommst denn her?‹ Dabei kam ich ganz schön ins Schwitzen. Einerseits wollte ich den netten Bauern nicht belügen, andererseits wollte ich dem Gebot meines Vaters nicht zuwider handeln. Um Zeit zum Überlegen zu gewinnen, nahm ich einen kräftigen Schluck aus der Flasche, dann antwortete ich tapfer: ›Aus einem kleinen Dorf in der Nähe von Pfaffenhofen. Das wirst eh nicht kennen.‹

Anscheinend gab er sich mit dieser Antwort zufrieden. Doch das ›Verhör‹ wurde noch peinlicher. ›Was für einen Betrieb habt ihr daheim?‹ Nun gab ich zu, dass wir hundert Tagwerk bewirtschafteten. Dies preiszugeben, hatte mir mein Vater schließlich nicht verboten. Dann aber wurde es noch brenzliger. Der Bauer wollte wissen, wie viel Geschwister ich habe und an welcher Stelle in der Geschwisterreihe ich stünde.

›An der vierten‹, antwortete ich wahrheitsgemäß. Dass ich insgesamt zehn Geschwister habe, wollte ich nicht zugeben. Ich befürchtete, dadurch könne er eventuell herausfinden, wohin ich gehöre. Denn weit und breit war mir keine Familie bekannt, in der man elf Kinder hatte. Also gab ich nur neun Geschwister zu. Dazu nickte er nur. Nachdem er mir auch noch den Stadl, die Garage und den Geräteschuppen gezeigt hatte, stellte er mir die letzte, die entscheidende Frage: ›Und, gefällt's dir? Gehst her?‹

Am liebsten hätte ich mit Freuden ›Ja‹ gerufen. Aber das habe ich ja nicht dürfen. Also wand ich mich wie ein Wurm und brachte stockend hervor: ›Ja, schon, es gefällt mir. Aber ich überleg's mir noch mal.‹

Nun hatte ich es sehr eilig, mich zu verabschieden, und strebte dem Auto meines Vaters zu. ›Und, wie ist es gelaufen?‹, erkundigte sich der Vater. Diesem erklärte ich, dass mir der Betrieb gefalle und dass der Bauer bereit wäre, mich zu nehmen. Er nickte nur und fuhr los. Nun wollte ich es genau wissen: ›Warum durfte ich nicht sagen, woher ich komme, und warum durfte ich dem Bauern nicht zusagen?‹ Darauf antwortete mein Erziehungsberechtigter mit einem breiten Grinsen: ›Ich will nicht, dass du meinen Hof verlässt.‹ Ungläubig stellte ich die nächste Frage: ›Wenn das so ist, warum hast du mich dann überhaupt zu diesem Bauern gefahren?‹ Er grinste noch breiter, während er erklärte: ›Das war für mich eine Gelegenheit, mein neues Auto und meinen neuen Führerschein auszuprobieren.‹

Wäre er nicht mein Vater gewesen, hätte ich mit einer kräftigen Watschn geantwortet. Vor Wut und Enttäuschung war mir nach Weinen zumute. Aber auch das durfte nicht sein, denn von klein auf hatte man uns eingetrichtert: ›Ein Mann weint nicht!‹ So blieb mir nichts anderes übrig, als alles still in mich hineinzufressen.

Am Sonntag darauf begab ich mich nach dem Gottesdienst nicht gleich nach Hause. Ich besuchte noch einen Freund, weil ich mit dem etwas zu besprechen hatte. Da tauchte plötzlich meine Halbschwester Rosi auf: ›Du sollst sofort heimkommen, ein Mann hat nach dir gefragt.‹

Darauf konnte ich mir überhaupt keinen Reim machen. Natürlich folgte ich der Rosi sofort nach

Hause. Als ich die Küche betrat, stand vor mir der Bauer, bei dem ich mich am letzten Sonntag vorgestellt hatte. Das gibt's doch gar nicht, fuhr es mir durch den Kopf. Doch bevor ich auch nur ein Wort an ihn richten konnte, schimpfte die Stiefmutter los: ›Wo treibst dich denn so lange rum? Im ganzen Dorf mussten wir dich suchen. Lässt uns mit dem fremden Mann allein, und wir wissen nichts mit ihm anzufangen.‹ Nachdem sie ihren Redeschwall beendet hatte, kam der Bauer endlich dazu, mich zu fragen: ›Hast es dir jetzt überlegt?‹

Du kannst dem Mann nicht schon wieder eine Lüge auftischen, dachte ich mir. Jetzt musst ihm zusagen, zumal der Vater dabei ist. Darin sah ich meine Chance. Wenn ich dem Bauern in seiner Gegenwart zusage, wird er es dabei belassen. Dann wird er sich nicht trauen, etwas dagegen einzuwenden.

›Ja‹, antwortete ich laut und deutlich. ›Ich hab's mir überlegt, ich komme.‹

›Passt scho‹, meinte mein zukünftiger Dienstherr und hielt mir die Hand hin. Ich schlug ein. ›Am Donnerstag hole ich dich ab.‹ Nach diesem Versprechen verließ er die Küche. Kaum war er draußen, habe ich von meinem Vater eine Watschn gekriegt, aber schon so eine, dass mir Hören und Sehen verging. Danach schrie er mich an, was mir einfalle, in einem fremden Betrieb zu arbeiten, wo wir doch daheim Arbeit genug hätten.

Verstehen konnte ich ihn, er war auf jede Hand angewiesen. Man hatte ja noch nicht solche Maschinen wir heute. Aber ich musste auch an mich denken.

Am Donnerstag holte mich der Bauer tatsächlich mit seinem Auto ab. Während der Fahrt war meine erste Frage: ›Wie hast rausgefunden, wo ich daheim bin?‹

›Ja, da staunst du, was?‹ Er lächelte lausbübisch. ›Mit deinen Antworten auf meine landwirtschaftlichen Fragen, machtest du einen durchaus aufgeweckten Eindruck auf mich. Als ich aber nach deinem Wohnort und deiner Familie fragte, hast herumgestottert, als könntest nicht bis drei zählen. Das machte mich stutzig. Und als du am Ende nicht zusagen wolltest, dachte ich, bei dem Burschen stimmt was nicht. Das musst noch rauskriegen.‹

›Und wie hast's nachher rausgekriegt?‹

›Vor Jahren habe ich einen Knecht gehabt, der jetzt in der Nähe von Pfaffenhofen als Viehhändler tätig ist. Der kommt doch viel rum und kennt Gott und die Welt, dachte ich. Den besuchte ich und fragte, ob er in der Nähe von Pfaffenhofen einen Gregor kenne, etwa sechzehn Jahre alt, der neun Geschwister habe und dessen Vater hundert Tagwerk Grund besitze. Der Viehhändler lachte und meinte, da käme nur der Niedermeier vom Bichlhof infrage. Seines Wissens habe der hundert Tagwerk Grund, aber er habe nicht zehn, sondern elf Kinder. Sonst wisse er keinen, auf den die Beschreibung passt. Er gab mir eure Adresse und beschrieb mir, wie ich zu euch finde. Und wie du siehst, es hat geklappt.‹ Über diese Antwort freute ich mich sehr, dennoch blieb mir eine Frage:

›Was ich nicht verstehen kann, warum warst noch an mir interessiert, wo ich doch so saudumm dahergeredet hab?‹

›Es hat mir imponiert, dass du so mutig warst, dich von selbst bei mir zu bewerben. Und nachdem ich den ersten Satz mit deinem Vater gesprochen hatte, war mir klar, warum du dich nicht getraut hast, bei mir zu- oder abzusagen. Außerdem, nach zwei Minuten in eurer Küche war mir auch klar, warum du von daheim wegwillst.‹

Im April 1957 trat ich meine Stelle bei diesem Bauern an. Er war sehr zufrieden mit mir, ich habe ja jede Arbeit gekonnt. Trotzdem lernte ich noch eine Menge dazu. Obwohl es mir auf diesem Hof ausgesprochen gut gefiel, konnte ich nur ein Jahr bleiben. Er hätte mich auch gern länger behalten. Doch eines Abends nach dem Nachtessen erschien das Schicksal in Gestalt meines Vaters. Breitbeinig pflanzte er sich in der Küche des Bauern auf: ›Jetzt gehst hoam!‹

›Ich geh nimmer hoam‹, widersetzte ich mich.

Dann haben wir zwei Stunden in der Küche des Bauern gestritten, wobei der Bauer fleißig mitmischte. Denn auch er war daran interessiert, mich zu behalten. Das Ende vom Lied war, dass ich – da ja noch minderjährig – mit heimmusste. Allerdings hatten der Bauer und ich herausgehandelt, dass ich noch zwei Wochen bleiben durfte. Außerdem hatte ich meinem Vater eine Bedingung gestellt: ›Ich geh nur heim, wenn ich anschaffen darf.‹

Dass das dem Vater nicht passte, war mir klar, denn welcher Vater will sich schon von seinem siebzehnjährigen Sohn sagen lassen, wo es langgeht.

Nach zwei Wochen erschien er pünktlich mit seinem VW, um mich abzuholen. Sobald ich daheim war, bin ich es in der Landwirtschaft so angegangen, wie ich es für richtig hielt.

›Zunächst‹, erklärte ich dem Vater, ›brauchen

wir einen neuen Schlepper. Deine beiden sind ja vorsintflutlich. Mit so etwas kannst nicht mehr vernünftig arbeiten. Wir brauchen einen mit Hydraulik.‹

›Das kannst dir aus dem Kopf schlagen‹, reagierte er auf meinen Vorschlag. ›Ich hab kein Geld.‹

›Das ist das geringste Problem. Lass mich nur machen. Bei jedem Händler kann man handeln.‹

Widerstrebend setzte er sich in sein Auto, weil er einsah, dass er keine Wahl hatte. Dann holte er noch Paul ab, seinen Ältesten, um eine Unterstützung gegen mich zu haben.

Als wir zu dritt beim Händler aufkreuzten, war das Modell, das mir vorschwebte, leider schon verkauft. Dienstbeflissen eilte der Händler mit einem Katalog herbei und wollte mir einen anderen Bulldog aufschwätzen. ›Aus einem Katalog kauft man nicht‹, erklärte ich Vater und Bruder. ›Einen Traktor muss man sehen, anfassen und draufgesessen haben.‹ Der Händler ließ sich nicht irritieren. Er war ein Meister seines Fachs. Meinem Vater pries er einen Traktor aus dem Katalog mit so beredten Worten an, dass der ihn auf der Stelle gekauft hätte, obwohl er gar nicht vorgehabt hatte, einen Schlepper zu kaufen. Bei der Sache wurde ich das Gefühl nicht los, dass der Verkäufer uns über den Tisch ziehen wollte. Doch noch ehe ich dazu kam, meine Bedenken zu äußern, setzte der verkaufstüchtige Mann einen Kaufvertrag auf und legte ihn dem Vater zur Unterschrift vor. In dem Moment, als er den Füller in die Hand nahm, packte ich den Kaufvertrag und zerriss ihn. Daraufhin schimpfte der Vater mordsmörderisch und der Händler ebenfalls. Mein Bruder, er war immerhin schon zwanzig, stand dabei und sagte gar nichts. Der Verkäufer wurde ganz narrisch vor Wut, weil ich dem Vater den Kauf ausreden wollte. In der Hoffnung, noch was retten zu können, schimpfte er lauthals: ›Der Saubua, der dreckate, moant, er woas ois besser. Nix woas er. Lass dir doch von dem net auf der Nosen rumtanzen.‹

Inzwischen schien der Vater begriffen zu haben, dass ich von dem Geschäft mehr verstand als er, und hielt sich mit seiner Meinung zurück.

Nun hatte ich Oberwasser. Es ging mir ja nicht darum, gegen alles zu sein. Ich wollte nur durchsetzen, dass ich genau den Schlepper bekam, der mir für unsere Zwecke am geeignetsten schien, deshalb lenkte ich dem Händler gegenüber ein: ›Jetzt mach ich dir einen Vorschlag.

Wennst schon einen Schlepper aus dem Katalog bestellen musst, dann kannst für uns ja auch den bestellen, den wir für den besten halten.‹

Ich nannte ihm den Namen und die Modellnummer und welches Zubehör ich dazu brauchte. ›Für den schreibst jetzt einen Vertrag. Das wirst ja noch fertigbringen. Dafür kriegst von uns die beiden alten Lanz und zwei Anhängerpflüge. Für jeden Lanz möchte ich 1.600 DM angerechnet haben, die Pflüge schenk ich dir. Und im Oktober, wenn wir unseren Hopfen verkauft haben, kriegst 16.000 DM.‹

Der Händler schrieb treu und brav diesen Vertrag, und mein Vater unterschrieb treu und brav, wie paralysiert. Als wir auf der Heimfahrt waren, schien sein Verstand langsam wieder einzusetzen, denn er ermahnte mich: ›Sag daheim bloß nichts. Sonst schimpft meine Oide bloß.‹ Aha, dachte ich, daher weht der Wind. Daheim verlor ich über die Kaufaktion kein Wort. Das war das erste Mal, dass Vater und Sohn zusammenhielten.

Nach drei Wochen wurde der neue Bulldog geliefert. Mit dem war es natürlich ein ganz anderes Arbeiten als mit den völlig veralteten und zu schwachen Zugmaschinen.

So habe ich das in Zukunft immer gehandhabt. Zuerst hat es stets einige Kämpfe gegeben, aber letztlich habe ich mich durchgesetzt. Dass ich mich so verhalten habe, lag nicht etwa daran, dass ich mich für gescheiter hielt, sondern weil ich dabei stets einen Hintergedanken hatte. Wie ich meinen Vater kannte, sah ich für mich zwei Möglichkeiten: Entweder er schmeißt mich raus – das wäre mir am liebsten gewesen – oder er akzeptiert meine Entscheidungen, dann kann ich den Betrieb aufwärts bringen.

Als ihm meine Eigenmächtigkeit zu bunt wurde, warnte er mich: ›Lange lass ich mir das nicht mehr gefallen, dann sag ich zu dir: Hau ab! Diese zwei Worte wirst du dir ja merken können.‹

Und ob ich mir die merken konnte! Auf diese beiden Worte wartete ich ja schon lange. Meinem Vater gegenüber spielte ich aber den braven Bub. ›Ist schon recht, Vater‹, erwiderte ich scheinbar unterwürfig und schon leitete ich die nächste Maßnahme ein. ›Vater, du verkaufst mir kein Stück Vieh mehr. Du kannst nichts verkaufen, weil du die Viecher gar nicht kennst.‹

Zu meiner Überraschung schimpfte er kein bisschen, stattdessen überließ er ab dem Tag den Viehhandel komplett mir. Er verkaufte tatsächlich kein einziges Stück mehr. Nicht im Geringsten hatte ich damit gerechnet, dass er sich das gefallen ließ. Ständig war ich darauf gefasst, dass ihn mittendrin der Zorn packte und er mich mit dem nächsten Gegenstand aus dem Stall prügelte. Aber das hat er nicht gemacht. Ohne jede weitere Diskussion ließ er mir auch in allem Übrigen freie Hand. Von da an konnte ich jede Maschine kaufen, die ich für notwendig hielt. Einmal allerdings, es ging wieder um eine Neuanschaffung, schnauzte er mich an: ›Wem gehört denn das alles?‹

›Ja, uns‹, antwortete ich.

›Was heißt uns? Dir gehört gar nichts. Wenn schon, dann wird eines Tages unser Besitz dem Paul gehören, deshalb sehe ich nicht ein, dass ich jetzt alles bezahlen soll.‹

›Dann solltest du halt zum Notar gehen, damit das geklärt wird. Danach kann ich ja dann gehen.‹

Das wollte er aber auf keinen Fall. Denn er sah selbst, dass es mit dem Betrieb unter meiner Leitung aufwärts ging. Der Paul war vorerst gar nicht daran interessiert, heimzukommen. Inzwischen arbeitete er nämlich auf dem Hof, aus dem unsere Mutter stammte. Dort gefiel es ihm sehr gut.

Der Vater sah wohl ein, dass alle meine Entscheidungen richtig waren und dass ich der heimliche Herr des Hofes war. Nach außen tat er aber immer so, als ob das alles seine Entscheidungen gewesen wären. Mir wäre es wirklich lieber gewesen, wenn er mich zum Teufel gejagt hätte. Eigenartigerweise hat er das aber nicht getan. Und wenn ich von selbst gehen wollte, hat er mich nicht fortlassen.

Am 1. Mai 1959 tauchte urplötzlich mein großer Bruder auf dem elterlichen Hof auf. Anscheinend war er von Heimweh getrieben. Der staunenden Familie erklärte er, ab sofort wolle er daheim arbeiten. Weder mein Vater noch ich kamen dazu, eine Frage zu stellen, da fuhr er schon fort mit seinen Erklärungen: ›Mit Bruder Alfred ist schon alles ausgemacht. Er, der seit Jahren bei einer Tante mütterlicherseits als Knecht gearbeitet hat, will nun auf den Hof seiner Großmutter Liesl zurück, wo er einige Jahre seiner Kindheit verbracht hat.‹

Ohne dass man es für nötig befunden hatte, mich vorher zu fragen, war es beschlossene Sache, dass ich auf den Hof der Tante ging, um Alfred zu ersetzen. Mir war das jedoch gerade recht, denn schlechter als daheim würde ich es gewiss nicht antreffen. Anfang Mai machten wir also den Ringtausch.

Bei der Tante war es ein angenehmes Arbeiten. Trotzdem beschloss ich nach einem halben Jahr, die Winterschule zu besuchen. Das war der Tante recht, denn im Winter gab es sowieso nicht viel zu tun. In der Winterschule brachte man mir eine Menge bei. Danach kehrte ich auf den Hof der Tante zurück. Nachdem ich anderthalb Jahre von zu Hause weg gewesen war, gab es einen erneuten Ringtausch. Der Paul wollte wieder zurück in den großmütterlichen Betrieb, den inzwischen längst einer ihrer Söhne übernommen hatte, der Alfred wollte wieder zur Tante, und ich musste notgedrungen wieder auf den väterlichen Hof. Alle waren mit dieser Lösung zufrieden, nur ich nicht, weil es für mich noch immer keine klaren Verhältnisse gab.

Unsere Halbgeschwister waren inzwischen auch herangewachsen, die mussten aber, wie ich schon erwähnte, nicht in der Landwirtschaft mitarbeiten. Sobald eines der Schule entwachsen war, durfte es einen Beruf erlernen. Nur Rosi, die Älteste, sie war von schwacher Gesundheit, blieb daheim. Sie galt bei ihrer Mutter auch nicht viel. Sie war eine bessere Küchenmagd.

Da unser Paul bisher wenig Interesse am heimischen Hof gezeigt hatte, wogegen ich Jahr um Jahr fleißig gearbeitet und ihn zu neuer Blüte gebracht hatte, sah es endlich so aus, als würde ich den Hof bekommen. Kurz darauf muss der Paul im Betrieb seines Onkels einen Schmarrn gemacht haben, sodass dieser ihn kurzerhand hinauswarf. Ende 1965 kam er also wieder heim, wollte aber nicht viel arbeiten. Für mich entstand dadurch eine ungute Situation. Ich sah nicht ein, dass ich mich auf dem Hof weiterhin abschinden sollte, ohne die Aussicht zu haben, jemals Bauer zu werden, weil ja der ›Erbprinz‹ zurückgekehrt war.«

An dieser Stelle legte der Papa wieder eine Pause ein und schaute auf die Uhr. »Jetzt wird's aber höchste Zeit fürs Bett, Dirndl«, mahnte er mich.

»Ja, ja, ich gehe ja schon. Und vielen Dank, dass du mir das alles erzählt hast. Aber eine Frage habe ich noch, dann gehe ich ganz gewiss.«

»Also gut, was ist das für eine Frage?«

»Hat dir das dein Vater selbst erzählt, dass er als Kind schon so faul gewesen ist?«

»Nein, wo denkst du hin! Er hat mir absolut nichts von früher erzählt. Und von seinen Geschwistern konnte ich auch nichts erfahren. Sein Bruder war ja im Krieg gefallen, die eine Schwester war ins Kloster gegangen, und die andere hat weit weg geheiratet. Zu ihr unterhielt ich keinen Kontakt. Alles, was ich über die Familie meines Vaters weiß, wurde mir von Dorfleuten zugetragen.«

Wie versprochen ging ich brav zu Bett. Der Gedanke an die Stiefmutter beschäftigte mich aber noch, bevor ich einschlief. Am anderen Morgen waren meine Überlegungen wieder präsent. Auf einmal hatte ich es: Die Stiefmutter musste das böse Weib vom Weiherhof sein. Ja, genau. Der Erzählung meines Vaters nach war sie gegen ihre Stiefkinder ausgesprochen bösartig gewesen. Dieser Frau war es auch zuzutrauen, dass sie sich mit den Dorfbewohnern zerstritten und verzankt hatte. Schon war ich entschlossen, es meinem Vater direkt auf den Kopf zuzusagen, dass niemand anderer als seine Stiefmutter das böse Weib vom Weiherhof war. Doch es ergab sich nicht gleich eine Gelegenheit dazu. Und das erwies sich als gut so. Ich hätte mich ja bis auf die Knochen blamiert. Plötzlich fiel mir nämlich ein, Elfriede kam dafür gar nicht infrage. Sie hatte nie auf dem Weiherhof gewohnt. Ja, soweit ich zurückdenken konnte, hatte sie diesen noch nicht einmal besucht.

Nur ein Hühnerknochen

Obwohl auf unserem Hof meist ein gutes Dutzend Hühner scharrten, landete nur selten eines davon bei uns auf dem Tisch. Gab es aber Huhn, war das für alle ein Festschmaus. So hatte Oma Mitte März 1977 von Opa wieder mal ein Huhn köpfen lassen, hatte es säuberlich gerupft und in der Röhre goldbraun gebraten. Schon bei dem Duft lief einem das Wasser im Mund zusammen. Papa zerlegte es fachmännisch und gab jedem seine Portion auf den Teller. Dazu reichte Oma Salzkartoffeln, was auch eine Besonderheit war, und Erbsen mit Gelben Rüben (Möhren). Nach dem Tischgebet sprachen wir dem Essen eifrig zu. Auf einmal fing Oma an zu husten, aber so schlimm, dass wir alle wie gebannt zu ihr hinschauten und ganz vergaßen, weiterhin etwas in den Mund zu schieben.

»Was ist los? Was ist passiert?«, fragte besorgt ihr Ehemann. Nur mühsam brachte sie die Worte heraus: »Hühnerknochen verschluckt.«

Dann mangelte es an guten Ratschlägen nicht, die abwechselnd vom Opa und vom Papa kamen: »Du musst einen Schluck Wasser trinken.« – »Du musst ein Stück Kartoffel hinterher essen.« – »Beug dich nach vorne, damit du den Knochen raushusten kannst.« – »Steck den Finger in den Hals, damit du erbrechen musst.«

Sie aber tat nichts von allem. Sie jammerte, sie hustete, ihr liefen Tränen über die runzligen Wangen.

»Sie muss sofort ins Krankenhaus«, stellte mein Vater schließlich fest. Opa stand sofort auf, holte ihren Mantel, legte ihn ihr um und schon verließ er mit ihr das Haus.

Nach einer Stunde war er wieder zurück. Aber ohne Oma. »Was ist los?« – »Was machen sie mit ihr?« – »Wie lange muss sie im Krankenhaus bleiben?«, fragten wir alle durcheinander.

»Sie müssen sie erst röntgen. Dann machen sie wahrscheinlich eine Notoperation, haben sie gesagt. Morgen soll ich mal nachhören.«

Opa begab sich am nächsten Tag ins Krankenhaus und brachte eine gute Nachricht zurück: »Der Knochen saß quer, er hatte die Speiseröhre durchstochen. Sie haben ihn rausoperiert. Alles wurde wieder zugenäht. Die Operation ist gut verlaufen. In ein paar Tagen kann sie wieder heim.« Allgemeines Aufatmen bei uns allen.

Nach drei Tagen kam ein Anruf von der Klinik: Patientin verstorben. Lungenembolie.

So hatte ihr Leben auf tragische Weise im

fünfundsechzigsten Lebensjahr sein Ende gefunden.

Man kann nicht behaupten, dass Hans daraufhin ein gebrochener Mann gewesen wäre. Wir Kinder waren viel mehr geschockt als er. Schließlich verloren wir in Kathi eine Person, die unseren Haushalt gemacht und uns vorbildlich betreut hatte. Während ihrer drei Tage Krankenhausaufenthalt hatten wir unseren Haushalt mehr schlecht als recht in Gang gehalten. Der Vater hatte versucht zu kochen. Spiegeleier waren das, was er noch am besten beherrschte. Ich versuchte mich mal mit gekochten Kartoffeln (Pellkartoffeln) und angerührtem Quark. Dies alles hatten wir in der Hoffnung getan, dass Oma bald wieder ihren Platz am Herd einnehmen würde. Doch nun würde sie nie wieder kommen. Das warf uns alle ziemlich aus der Bahn. Die bange Frage: Was sollte nun aus uns werden?

Die Beerdigung musste Papa organisieren, vom Telefon aus. Der Opa war dazu nicht in der Lage. Nicht, weil er zu erschüttert gewesen wäre, sondern wegen Unfähigkeit. Wahrscheinlich hatte er in seinem Leben noch nie etwas organisiert. Das hatte immer die Oma gemacht.

Der Pfarrer hielt einen schönen Gottesdienst mit einer anrührenden Predigt. Er sprach davon, dass nun die armen Kinder vom Gregor zum zweiten Mal eine Mutter verloren hätten. Ja, ein bisschen so sahen wir das auch. Der anschließende Trauerzug von der Kirche zum Grab war ziemlich kurz. Für meine Begriffe drängten sich jedoch genug Leute um das Grab. Während der Pfarrer seine Gebete sprach, hörte ich hinter mir zwei Frauen, die sich lebhaft unterhielten. Sie redeten ausgesprochen leise und vermuteten gewiss nicht, dass ich so einiges von ihrem Gespräch aufschnappen könnte. Unter anderem fiel die Bezeichnung »Das böse Weib vom Weiherhof«. Nun spitzte ich meine Öhrchen erst recht. Über das, was sie sagten, wunderte ich mich sehr und ich nahm mir fest vor, der Sache so bald wie möglich auf den Grund zu gehen. Zunächst aber ging es zum Beerdigungsmahl, wieder in das einzige Wirtshaus am Ort. Wir waren nur eine kleine Trauergesellschaft: Opa, Papa, wir Kinder und die unmittelbaren Nachbarn. Das Hauptgesprächsthema war natürlich, dass die Kathi so schnell und auf so tragische Weise zu Tode gekommen war.

Auch in den nächsten Tagen ergab sich keine Gelegenheit, ungestört mit Papa zu sprechen, denn immer blieb Hans, der Witwer, nach dem Nachtessen noch bei uns sitzen. Etwa zwei

Monate nachdem wir die Oma begraben hatten, schnappte ich etwas Interessantes auf, während ich gerade das Geschirr spülte.

»Gregor, ich hab mit dir zu reden«, eröffnete Opa das Gespräch.

»Was gibt's denn noch zu reden?«, wollte Papa wissen.

»Ich hab ein Testament gemacht«, fuhr Hans fort. »Du sollst wissen, dass eines da ist, für den Fall, dass mir was passiert.«

»Wieso ein Testament?«, zeigte sich Papa erstaunt. »Mir ist doch schon alles überschrieben.«

»Ja, schon«, druckste der alte Mann herum. »Es gibt aber noch etwas, von dem du nichts weißt. Also merke dir, sollte ich sterben, dann gehst zum Amtsgericht. Dort habe ich das Testament hinterlegt.«

Mit dieser Erklärung gab sich der Papa zufrieden, sehr zu meiner Enttäuschung. Denn ich hätte zu gerne gewusst, was in dem Testament stand. Es spukte mir ständig im Kopf herum. Doch bald wurden meine Gedanken wieder von dem Gespräch in Anspruch genommen, dessen Zeuge ich unfreiwillig auf dem Friedhof geworden war. Dadurch vergaß ich das Testament völlig. Es sollten Jahre vergehen, bis ich wieder daran erinnert wurde.

Das böse Weib vom Weiherhof

Die Äußerungen, die ich von den beiden Frauen auf dem Friedhof aufgeschnappt hatte, gingen mir nicht mehr aus dem Kopf. Jetzt galt es, endlich eine günstige Gelegenheit zu finden. Der Papa musste gut drauf sein, und ich musste ihn für mich allein haben. Diese Gelegenheit ergab sich einige Tage nach dem Gespräch über das Testament. Es war ein Samstagabend. Opa hatte sich früher als üblich nach oben verzogen, weil er sich nicht wohlfühlte. Um Papa keine Möglichkeit zu lassen, nach einer Ausrede zu suchen, fiel ich gleich mit der Tür ins Haus: »Warum nennen die Leute unsere Oma ›Das böse Weib vom Weiherhof‹?«

»Ja, Vroni, wer hat dir denn solch einen Schmarrn erzählt?«, fragte er unangenehm berührt.

»Bei der Beerdigung von der Oma habe ich gehört, wie eine Frau einer anderen zuflüsterte: ›Jetzt hat das böse Weib vom Weiherhof die verdiente Strafe für ihre Bosheit erhalten.‹ Darauf flüsterte die andere zurück: ›Ja, dass ihr ein einfacher Hühnerknochen im Hals stecken geblieben ist, kann man direkt symbolisch sehen.

Der blieb wohl stellvertretend stecken für all die bösen Wörter, an denen sie eigentlich hätte ersticken müssen.‹ ›Ja‹, kicherte die andere verhalten. ›Bisher hat sie Glück gehabt, dass sie sich nicht auf die Zunge gebissen hat. Sonst hätte sie sich vergiftet an all dem Gift, das sie alleweil mit ihrer Zunge versprüht hat.‹«

Ob dieser Eröffnung sah ich meinen Vater erwartungsvoll an. Jetzt kam er mir nicht mehr aus. Ich wollte mich keinesfalls mit billigen Ausreden abspeisen lassen.

»Ja, solchene Ratschkathln!«, stieß er hervor. »Noch nicht mal auf dem Friedhof zeigen sie Respekt.« Nachdem er mit diesen Worten seinem Herzen Luft gemacht hatte, begann er zu erzählen: »Ja, Dirndl, ich glaube, jetzt ist es doch an der Zeit, dass ich dir die ganze Wahrheit erzähle. Am besten fange ich von vorne an. Die Kathi war das einzige Kind ihrer Eltern, die immerhin sechzig Tagwerk Grund bewirtschafteten. Deshalb hat es ihr an Bewerbern nicht gemangelt. Aber an jedem hatte sie etwas auszusetzen. Kaum war sie ein paar Mal mit einem ausgegangen, fing sie schon an, mit ihm zu streiten. Deshalb wagte sich bald kein Bursche aus ihrem Dorf mehr in ihre Nähe.

Die Viehhändler, die überall herumkommen

und sich in jedem Stall auskennen, betätigten sich seinerzeit auch noch als Schmuser (Heirats-vermittler). Sie wurden nicht müde, in allen Gemeinden des Umkreises das Loblied von der schönen Kathi zu singen. Denn sie sah wirklich gut aus, das musste man ihr lassen. Wahrscheinlich bildete sie sich darauf etwas ein, und natürlich auf das Sach, das sie außer ihrer Hand zu bieten hatte. Obwohl sich die Viehhändler, wenn sie mit Kathis Vater einen Handel machten, selbst vom zänkischen Wesen seiner Tochter überzeugen konnten, priesen sie das saubere (hübsche) Dirndl in den höchsten Tönen im ganzen Umkreis an. Sie erhofften sich nämlich ein doppeltes Geschäft. Zum einen würde Kathis Vater zahlen, weil er seine Tochter um jeden Preis unter die Haube bringen wollte, und zum andern ließe sich der zukünftige Bräutigam nicht lumpen, wenn er ihm eine gute Partie zubrachte. Es gab genug nachgeborene Söhne, die es sich etwas kosten ließen, wenn sie in einen ansehnlichen Betrieb einheiraten konnten.

Doch egal, wen sie ihr zubrachten, Kathi vergraulte sie innerhalb kurzer Zeit. Einer soll gesagt haben: ›Was nützt mir das schönste Sach, wenn ich dann der Sklave einer Bissgurn (zänkisches Weib) bin.‹ Von einem anderen ist der

Ausspruch überliefert: ›Da bleib ich lieber mein Leben lang Knecht, als dass ich mich in die Fänge eines solchen Drachens begebe.‹ Es machten weitere, ähnlich lautende Aussagen die Runde. Als die Kathi endlich doch einen Ehemann fand, war das sehr zum Verdruss der Schmuser. Sie verdienten nämlich keinen Pfennig an der Verbindung. Sie bekamen weder etwas von Kathis Vater noch vom Hans. Der war nämlich von weither gekommen, um sich bei Kathis Vater als Knecht zu verdingen. Der Bauer war sehr zufrieden mit ihm, und da er fleißig und geschickt war und vor allem von gutmütiger Natur, bot er ihm seine Tochter als Hochzeiterin an. Der Hans war nicht abgeneigt, denn wie gesagt, die Kathi sah gut aus. Dass sie zänkisch war, hatte er wohl mitbekommen. Doch er dachte, bei der Arbeit kann ich ihr gut aus dem Weg gehen. Den Hans hatte die Kathi auch nicht wollen, ›noch nicht mal geschenkt‹, wie sie sich auszudrücken beliebte. Aber der Vater hatte ihr die Pistole auf die Brust gesetzt: ›Den nimmst jetzt oder du wirst enterbt.‹

›Wie das?‹, soll sie höhnisch gelacht haben. ›Ich bin dein einziges Kind, du hast also keine Wahl.‹ Doch er hielt ihr vor, er könne den Hof auch einem Neffen geben, der würde sich alle zehn Finger danach abschlecken. Sie müsse sich dann mit dem Pflichtteil begnügen, und der falle bei einem landwirtschaftlichen Anwesen nicht besonders groß aus. Da zeigte sie sich endlich zahmer, und es wurde Hochzeit auf dem Weiherhof gehalten. Solange seine Schwiegereltern noch lebten, ging es dem Hans ganz gut. Nach wenigen Monaten aber erlag Kathis Mutter einem Schlaganfall, und der Vater starb ihr aus Gram bald nach.

Ein gutes Jahr nach der Hochzeit brachte die junge Frau einen Buben zur Welt. Darüber war der Hans sehr glücklich. Er hoffte, dadurch in Kathis Gunst zu steigen. Doch das Kind war von schwacher Gesundheit und starb vier Monate nach seiner Geburt. Nun wurde Kathi noch unleidlicher. Sie haderte mit Gott und allen Menschen, die ihr begegneten. Im ganzen Dorf gab es bald kein Haus mehr, mit dessen Bewohnern sie nicht zerstritten gewesen wäre. Nach dem Tod ihres Kindes erlitt die Kathi noch zweimal eine Fehlgeburt. Danach machte im Dorf der Ausspruch die Runde: ›Das Weib ist so bös, dass es nicht mal ihre Kinder bei ihr aushalten.‹

Als ihre Aussichten auf eigene Kinder gegen null gingen, wurde sie noch aggressiver, bis sie im Alter von siebenunddreißig Jahren endlich den Entschluss fasste, ein Kind zu adoptieren. Dabei hatte sie unwahrscheinliches Glück. Sie musste nicht, wie andere kinderlose Frauen, beim Jugendamt lange anstehen, um sich ein Kind vermitteln zu lassen. Ein Zufall war ihr zu Hilfe gekommen. Beim Einkaufen hatte sie erfahren, dass in einem Nachbardorf eine Zwanzigjährige ein Kind von einem Besatzungssoldaten bekommen hatte, das sie unbedingt loswerden wollte. Umgehend begab sich Kathi zu der jungen Mutter, schaute sich den kleinen Henry an und nahm ihn gleich mit. Er war drei Monate alt, und sie nahm ihn zunächst in Pflege. Mit der Adoption musste sie warten, bis die Kindsmutter volljährig war. Im Jahr darauf fragte diese von sich aus bei Kathi an, ob sie auch ein weiteres Kind von ihr nehmen würde. Die Bäuerin sagte zu, schränkte aber zugleich ein: ›Das ist das letzte Kind, das ich von dir nehme. Du musst dir nicht einbilden, dass du jetzt jedes Jahr daherkommen kannst.‹

So kam der kleine Jimmy, der von einem anderen Besatzungssoldaten stammte, im Alter von zwei Monaten zu Kathi. Ihn konnte sie sofort adoptieren. Sehr zu Kathis Erleichterung heiratete die leibliche Mutter ihrer Buben den dritten Soldaten, von dem sie schwanger geworden war, und zog noch vor der Geburt des Kindes mit ihm in die Vereinigten Staaten. Die beiden Halbbrüder wuchsen in schönster Harmonie miteinander auf. Doch als sie in die Pubertät kamen, wurde es schwierig mit ihnen – oder wurde es schwierig mit ihrer Adoptivmutter? Jedenfalls gab es täglich Zank und Streit, und den jungen Halbamerikanern war das Leben im Elternhaus verleidet. Noch in derselben Nacht, als der Jüngere aus der Schule entlassen worden war, türmten die beiden. Sie schnürten ihr Bündel, schlichen sich bei Nacht und Nebel aus dem Haus und verschwanden auf Nimmerwiedersehen.

Am folgenden Morgen, als die beiden Söhne nicht pünktlich zur Stallarbeit erschienen, stürmte Kathi wutentbrannt nach oben, stieß ihre Kammertür auf und schrie: ›Ihr faulen Säcke, euch werde ich Beine machen!‹ Als sich nichts rührte, riss sie die Federbetten weg und erkannte: Die Vögel waren ausgeflogen. Da fiel ihr die Kinnlade herunter. So hat sie es mir später erzählt. Bei ihrer anschließenden ›Inventur‹ stellte sie fest, dass zwei Rucksäcke fehlten, die Unterwäsche der Buben und die Oberbekleidung. Viel war das sowieso nicht gewesen. Aus der Speisekammer war ein Schinken verschwunden, eine Hartwurst, ein ansehnliches Stück Käse und ein Laib Brot. Auch Kathis Geldbeutel war leergeräumt.

›Weit werden sie damit nicht kommen‹, tröstete sich die Adoptivmutter. ›Wenn Geld und Vorräte aufgebraucht sind, werden sie reumütig zurückkehren.‹ Für diesen Fall hatte sie sich schon eine gehörige Strafpredigt zurechtgelegt. Doch sie wartete vergebens.

Nach zwei Monaten hatte sie noch immer kein Lebenszeichen von den Ausreißern, aber sie schaltete trotzdem nicht die Polizei ein. Stattdessen ließ sie ihre Wut an ihrem armen Mann aus: ›Diese Saubuam, diese dreckaten, die Bankerten, die elendigen, das undankbare Gesindel. Das ist der Dank dafür, dass man sie von der Straße aufgelesen hat. Dort wären sie doch mit ihrer Mutter, dem Flietscherl, umgekommen. Wahrscheinlich sind sie jetzt auf der Straße gelandet, wo sie hingehören. Nur schade drum, dass wir so viel Geld und Zeit und Liebe in sie gesteckt haben.‹

Wie ich später von Dorfbewohnern erfuhr, waren die beiden auch nicht ohne gewesen. Trotz ihres jugendlichen Alters hatten sie schon ganz schön was auf dem Kerbholz. Sie hatten bereits einige Autoeinbrüche hinter sich und Diebstähle in Häusern, deren Türen nicht verschlossen gewesen waren. Deshalb war der Kathi schon einige Male die Polizei ins Haus gekommen.

Da das Ehepaar nicht jünger wurde und die Arbeit nicht weniger, mussten sie sich etwas anderes einfallen lassen, um an junge, tatkräftige Helfer zu kommen. Bei ihrem Viehhändler ließen sie verlauten, dass sie ihr Anwesen auf Rentenbasis zu verkaufen gedächten. Dieser verbreitete die Nachricht, wie es seine Art war, äußerst gewissenhaft im ganzen Landkreis. Daraufhin muss sich eine ganze Reihe junger Männer auf dem Weiherhof beworben haben. Einige von ihnen sollen sich, kaum dass sie ein paar Worte mit der Bäuerin gewechselt hatten, sofort wieder verzogen haben.

Ich selbst war erst im April 1966 auf dieses Angebot aufmerksam geworden. Und zwar war das Ehepaar vom Weiherhof überraschend im Haus meiner Eltern aufgekreuzt. Sie fragten meinen Bruder Paul, ob er nicht den Hof übernehmen möge. Warum nicht, dachte sich der, denn mit unserem Vater kam er ja nicht gut klar. Dann schaute er sich den Weiherhof ein paar Tage an. ›Nein‹, erklärte er bei seiner Rückkehr ins Vaterhaus. ›Ich bin doch nicht blöd. Bevor ich das Glump dort nehme, bleib ich daheim. Abgesehen davon, dass es runtergewirtschaftet ist, es hat nur sechzig Tagwerk Grund, die tausche ich gewiss nicht gegen hundert Tagwerk von daheim ein.‹

Das wäre doch was für mich, ging es mir durch den Kopf. Da mein Bruder, wie es schien, nun endgültig heimgekehrt war und seine Rechte als Hoferbe geltend machte, stand ich auf der Straße und war gezwungen, mich nach einer neuen Existenz umzusehen. Denn bei ihm den Knecht zu machen, das schmeckte mir gar nicht. Sechzig Tagwerk haben ist besser als gar nichts.

Hinzu kam noch, dass Leni, meine Freundin, also deine Mutter, schwanger war. Deshalb wollten wir möglichst bald heiraten. Dazu braucht man aber eine Bleibe. Bei uns daheim einzuziehen, war unmöglich. Es lebten ja noch einige meiner Halbgeschwister im Haus, daher mangelte es an Platz. Abgesehen davon, wollte ich deiner Mutter meine Stiefmutter nicht zumuten. Bei Lenis Eltern konnten wir auch nicht unterkommen, da lebten ja noch ihre jüngeren Geschwister. Um etwas Geeignetes für uns zu finden, hatte ich bereits seit einigen Wochen meine Fühler ausgestreckt. Ich hatte daran gedacht, einen Hof zu pachten. Um ein Anwesen zu kaufen, fehlte mir das Geld. Auf die Idee, einen Hof auf Leibrente zu kaufen, war ich gar nicht gekommen. Wahrscheinlich deshalb, weil ich noch nie von einem solchen Angebot gehört hatte. Als sich nun die Möglichkeit mit dem Weiherhof auftat, besprach ich das mit meiner Freundin. Sie war nicht abgeneigt. Doch bevor ich mich auf dem besagten Hof bewarb, erzählte ich am Sonntag drauf auf dem Kirchplatz einigen Bauern von meiner Absicht. Es ist ja immer gut, wenn man sich einige Meinungen anhört. ›Um Gottes Willen!‹, erhoben gleich einige ihre Stimme. ›Geh da bloß nicht hin. Die Bäuerin ist ein böses Weib. Bei der wirst nichts zu lachen haben.‹ Die Bauern überschlugen sich fast darin, mir die negativen Seiten der Herrin vom Weiherhof zu schildern. Sie sei streitsüchtig, rechthaberisch und habe schon vor Jahren ihre beiden Adoptivsöhne vergrault. Danach habe sie bereits neun Jungbauern, die ihren Hof auf Leibrente erwerben wollten, das Fürchten gelehrt. Darunter seien Neffen von ihm und von ihr gewesen, aber auch wildfremde Personen. Sie alle, die in dem Gefühl, der künftige Herr auf dem Weiherhof zu sein, eingezogen waren, seien schon vor Ende der Probezeit auf und davon. Kathi hatte nämlich auf einer Probezeit bestanden, damit sie sich die Kandidaten genauer anschauen konnte. Sie wollte auf keinen Fall das Risiko eingehen, dass sich ein Tagedieb auf ihrem Anwesen breitmachte. Doch alle Bewerber hätten es schon nach kurzer Zeit fluchtartig verlassen.

Diese Aussagen ermunterten mich nicht gerade, mich um diesen Hof zu bewerben. Doch es dauerte nicht lange, da erschien das Bauernpaar vom Weiherhof erneut bei meinen Eltern. In meinem Beisein fragten sie an, ob nicht ein anderer Sohn ihr Sach übernehmen möchte. Das heißt, der Hans sagte gar nichts. Sie aber redete mit Engelszungen, und ich dachte, so bös, wie mir die Bauern sie geschildert haben, kann sie gar nicht sein. Schließlich hatte sie mich so weit, dass ich mir den Besitz zumindest anschauen wollte. Meine Zukünftige nahm ich zur Besichtigung gleich mit. Mir war es wichtig, dass sie den Hof und seine Bewohner auch mit eigenen Augen sah, denn sie würde ja mit mir dort leben. Ziemlich schweigend schauten wir uns alles an. Ja, mei, der Hof hat ausgeschaut! Zum Davonrennen! Wohnhaus und Stallungen waren total heruntergekommen. Daran schien jahrzehntelang nichts gemacht worden zu sein. Das war kein Wunder, denn wenn jeder Anwärter nur ein paar Wochen geblieben ist, hatte doch keiner in der kurzen Zeit seines Aufenthaltes Lust gehabt, sich ein Bein auszureißen.

Auf den ersten Blick war für mich zu erkennen, dass ich so einiges würde investieren müssen, damit man überhaupt einigermaßen dort leben konnte. ›Was ist?‹, wollte die Bäuerin am Ende des Rundganges wissen. ›Willst den Hof?‹

›Ich werd's mir überlegen. Das müssen meine Freundin und ich noch genauer besprechen‹, versuchte ich, ein bisschen Bedenkzeit zu gewinnen. Die Bedenkzeit, die sie mir ließ, war aber nicht lang. Am nächsten Tag schon erschien der Hans bei uns zu Hause, diesmal allein. Ich solle gleich mit ihm gehen, damit wir alles in Ruhe besprechen könnten. Dieser freundlichen Einladung konnte ich nicht widerstehen. In der Stube des Weiherhofes saßen wir dann um den Tisch und besprachen die Einzelheiten. Von einer Probezeit war gar nicht erst die Rede. Die Kathi wäre am liebsten stehenden Fußes mit mir zum Notar gegangen, ich dagegen hatte es nicht so eilig. Mir war es wichtig, vorher das Finanzielle zu regeln, und sagte das auch. Daraufhin rückte die Bäuerin mit ihrem Vorschlag heraus. Sie meinte, außer einem Wohnrecht auf Lebenszeit bei freier Kost müssten sie jeden Monat 400 DM Austrag bekommen.

Zu der Zeit habe ich das noch nicht richtig einschätzen können. Ich war ja erst fünfundzwanzig

Jahre alt und hatte weder mit Geld noch Preisen Erfahrung. Ist das jetzt viel oder passt das so?, überlegte ich. Da ich den Rat eines Fachmannes einholen wollte, brauchte ich noch ein paar Tage Zeit. Das sagte ich aber nicht, ich erklärte nur, ich müsse mir das alles überlegen.

Am folgenden Morgen ging ich zum Landwirtschaftsamt und traf auf einen netten Beamten. Diesem beschrieb ich den Hof, schilderte ihm die Übernahmebedingungen und fragte, ob 400 DM Austrag angemessen sei.

›Wo liegt denn der Hof?‹, wollte er wissen. Ich nannte ihm die Adresse. Da bot er sich an, ihn mal unter die Lupe zu nehmen. ›Keine Angst‹, meinte er, mich beruhigen zu müssen. ›Ich gehe nicht hinein, ich schau mir das Ganze nur von außen an. Das ist schon sehr aussagekräftig. Danach kann ich mehr sagen.‹

Zur ausgemachten Zeit erschien ich wieder bei diesem Beamten. ›Wie schaut's aus?‹, kam ich gleich zur Sache. ›Nix!‹, war sein erstes Wort. ›Lass die Finger davon! 400 DM, das ist das Sach nicht wert, außerdem, das derpackst du nie. Du brauchst ja auch noch was zum Leben.‹

Nach dieser Auskunft ging ich einigermaßen bedrückt nach Hause. Aber die Zeit drängte, ich hatte keine Wahl. Ich wollte ja heiraten, und bald käme das Kind. Für meine kleine Familie brauchte ich dringend eine Wohnung, und etwas verdienen musste ich auch. Also gab ich mir einen Ruck und begab mich abermals zum Weiherhof. Die Hausfrau empfing mich mit den Worten: ›Na, hast es dir überlegt?‹

›Ja‹, war meine knappe Antwort.

›Also zahlst die 400 DM?‹, fragte sie mit lauerndem Blick.

›Naa‹, antwortete ich erneut einsilbig.

Nun fragte sie: ›Ja, wie viel tätest denn zahlen?‹

›Gar nix‹, antwortete ich.

Für einen Moment verschlug es ihr die Sprache. – ›Ja? Wie? Was? Das geht net'‹, rang sie sich schließlich ab.

Darauf ich: »So hab ich es nicht gemeint. Mein Rat: Sucht euch einen andern, der euch das gibt. Ich lass die Finger davon.‹

Am folgenden Tag tauchte der brave Hans abermals bei uns auf und meinte, man könne doch über alles reden. Das taten wir dann auch, wieder in der Stube des Weiherhofes. Bei diesem Gespräch ging Kathi auf 300 DM zurück. Doch ich akzeptierte nicht mit fliegenden Fahnen, sondern bot ihnen an: ›Ich mache euch ein paar Monate den Knecht, und dann können wir schauen, ob wir uns verstehen. Wenn's gut geht, machen wir weiter, wenn nicht, sucht ihr euch jemand anderen.‹

Von einer Probezeit wollte die Bäuerin grad gar nichts wissen. Das konnte ich verstehen. Ihr waren ja bereits neun Männer innerhalb der Probezeit abgehauen, deshalb wollte sie kein Risiko mehr eingehen. Sollten ihr die Felle nicht wieder davonschwimmen, musste sie sofort Nägel mit Köpfen machen. Ich meldete meine Zweifel an, ob sie so schnell einen Notartermin bekommen würde. Zu meiner Überraschung schaffte sie es, innerhalb von drei Tagen einen Termin zu vereinbaren. Am 1. Juni 1966 saßen wir bereits in seinem Büro, um den Übergabevertrag zu machen. Dort traf mich fast der Schlag. Auf dem Haus lasteten noch 30.000 DM Schulden! Die sollte ich auch noch übernehmen. Und für 10.000 DM sollte ich das Vieh ablösen, immerhin fünfzehn Stück. Noch bevor ich mich von dem Schock erholen konnte, unterschrieb ich den Vertrag. Was sollte ich sonst machen? Ich stand mit dem Rücken zur Wand.

Am Vormittag war ich also beim Notar und am Nachmittag zog ich mit meiner Braut auf dem Weiherhof ein. Noch in derselben Stunde fingen wir beide dort an zu arbeiten.

Beim Arbeiten fiel mir erst auf, in welch marodem Zustand das Haus wirklich war. Im ersten Stock musste man Angst haben, mit dem Fußboden durchzubrechen. Beim Dach regnete es herein, und durch die Fensterritzen pfiff der Wind. Im Moment störte das nicht, weil Sommer war, aber man musste auch an den Winter denken. Den Balkon sollte man besser nicht betreten, mit dem wäre man unweigerlich in die Tiefe gestürzt. Elektrische Beleuchtung war nur in einigen Räumen installiert, und die verrotteten Leitungen lagen alle auf Putz. Fließendes Wasser gab es im ganzen Haus nicht; das Wasser musste man am Pumpbrunnen im Hof holen. Um sein Geschäft zu verrichten, musste man zum Plumpsklo, das sich direkt neben dem Misthaufen befand. Zuerst dachte ich, man könne an dem Haus noch ein bisserl was zusammenrichten. Ich hatte ja nicht gewusst, woher ich Geld für einen Neubau hätte nehmen sollen. Meine Eltern waren dagegen, dass ich baue, Lenis Leute auch und mein Bauernpaar sowieso. Da kam mir ein glücklicher Zufall zu Hilfe. An dem Sonntag, der dem Einzug auf den Weiherhof folgte, saß ich in der Kirche zufällig neben einem Nachbarn aus meinem Heimatdorf, der von Beruf Maurer war. Diesem flüsterte ich zu: ›Du Rudi, nach der Kirch wartest auf mich. Ich hab was mir dir zu reden.‹

Den Rudi hab ich dann mit raufgenommen zu ›meinem‹ Anwesen, damit er sich das Haus mal anschaute. Nachdem ich ihn hindurchgeführt hatte, war sein einziger Kommentar: ›Das gehört weg und neu gebaut.‹

Um vielleicht doch noch etwas zu retten, ließ ich einen Architekten kommen. Der schaute in jeden Winkel. Danach wollte ich wissen, was sich machen lasse und was mich das kosten würde. ›Nix da‹, antwortete er kategorisch. ›Das reißen wir weg. Das ist das einzig Vernünftige.‹

Am Tag darauf saß ich mit meiner Leni im Büro des Architekten, um das neue Haus gemeinsam zu planen. Auf einmal kam seine Frau herein und begrüßte uns. ›Wann ist es denn so weit?‹, richtete sie das Wort freundlich an meine Frau. ›Der Doktor hat den Termin für die letzte Oktoberwoche berechnet‹, antwortete die Leni höflich.

›Was hör ich da?‹, fragte der Architekt überrascht. ›Im Oktober kommt ein Kind? Da müssen wir uns aber schicken, damit ihr im Oktober im neuen Haus seid.‹

Bereits am nächsten Tag begann ich, mit einigen Freunden das Haus leerzuräumen. Die Möbel waren zwar nicht mehr viel wert, aber immer noch besser als gar nichts. Die lagerten wir in einer Ecke des Stadls. Dann begannen wir mit dem Abreißen.«

»Ja, wo habt ihr denn in dieser Zeit gewohnt?«, unterbrach ich meinen Vater.

»Deine Mutter und ich haben in der Garage gehaust. Es war ja Sommer, da war das kein Problem. Die alten Leute haben in einem kleinen Kammerl über dem Hühnerstall gewohnt. Das war früher die Kammer des Rossknechts gewesen. Gewaschen haben wir uns am Brunnen, wie bisher auch. Auch das Häusl benutzten wir nach wie vor.«

»Und was war mit Kochen?«

»Aus dir spricht schon ganz die Hausfrau«, lobte mein Vater. »Gekocht haben die Frauen im Waschhaus, das zwischen Wohnhaus und Stall lag. Das hatten wir extra stehen lassen. Dahin hatten wir den Holzherd aus der Küche geschafft, gegessen haben wir auf dem Waschtisch. Es gab freilich keine aufwändigen Menüs. Wir hätten weder die Zeit gehabt, diese zu kochen, noch diese zu essen. Es gab immer ganz einfache Sachen, die schnell zu kochen und schnell zu essen waren, wie Eintopf, Schmarrn mit Apfelbrei oder gekochte Kartoffeln mit Quark. Denn wenn wir nicht auf den Feldern waren, arbeiteten wir jede freie Minute am Haus.

Am 1. Juni waren wir, wie gesagt, beim Notar gewesen und am 28. Juni haben wir geheiratet. Da war das alte Haus schon abgerissen und vom neuen bereits der Keller gemauert.«

»Aber Papa«, unterbrach ich ihn erneut. »Wovon hast du der Kathi die 40.000 DM gezahlt und zusätzlich ein Haus gebaut? Du hast doch vorher nichts sparen können, dein Vater hat dir doch gewiss keinen Lohn gegeben?«

»Da hast recht, Dirndl. Es ist erfreulich, wie du mitdenkst. Von zu Hause habe ich doch a bissel was gekriegt. Zuerst meinte ich zwar, ich kriege gar nichts. Denn als der Vater hörte, dass ich den Weiherhof kaufe, äußerte er, ich müsste meinen jüngsten Bruder nausheiraten. Damit meinte man bei uns, aussteuern, wenn er heiratet. Darauf hatte ich geantwortet: ›Weißt was? Das sind deine Kinder, um die kümmerst du dich selber, und wenn ich Kinder habe, kümmere ich mich um die.‹

Weil ich so mit ihm geredet hatte, dachte ich, er gibt mir gar nichts als Aussteuer. Umso überraschter war ich, dass ich doch eine Widerlage bekam. Mit dieser und dem kleinen Erbteil von deiner Mutter konnten wir die Schulden, die noch auf dem Weiherhof lagen, bezahlen und das Vieh ablösen. Für den Neubau nahmen wir dann einen Kredit bei der Bank auf. So kamen wir ganz gut über die Runden. Der Architekt hatte uns nicht zu viel versprochen, am 15. Oktober 1966 war das Haus fertig, und wir konnten einziehen.«

»Und genau eine Woche später kam ich an«, ergänzte ich voller Stolz.

»Genau so war es«, bestätigte der Vater. »Und da wir eine ausgesprochen gute Hopfenernte hatten, konnte ich der Bank gleich einen ordentlichen Batzen zurückzahlen. Trotzdem schimpfte Oma Kathi dauernd über unsere vielen Schulden. Die würden sie ruinieren. Wir seien nur drauf aus, ihr ganzes schönes Sach aufzubrauchen.

Um schneller von den Schulden runterzukommen, bin ich im Winter nach München gefahren und habe in einer Großschlachterei gearbeitet.«

»Wieso konntest du das? Du hattest doch nicht Metzger gelernt?«

»Nicht direkt. Aber ich hatte oft zugeschaut, wenn bei uns geschlachtet wurde, und habe dem Metzger auch viel geholfen. Zwei- bis dreimal in der Woche war ich in München und hab von der Früh bis auf'd Nacht im Schlachthaus gestanden. Das brachte ganz schön was ein. Bei uns verdiente man normalerweise 25 bis 30 DM am Tag, im Schlachthof bekam man 65 bis 70 DM. Das war ein schöner Unterschied. Dafür ist aber den ganzen Tag durchgeschafft worden. Da hat's keine Pause gegeben, höchstens mal zehn Minuten, damit man ein bisschen was hinunterschlingen konnte. Doch das Gemeckere von der Alten daheim ging weiter. Das neue Haus hätt's nicht braucht, das alte hätt's noch jahrelang getan.

Dabei hätte sie froh und glücklich sein müssen, denn sie profitierten ja auch von dem Neubau. Für sie war das Leben dadurch leichter und bequemer geworden. Denen war es noch nie so gut gegangen. Wie du weißt, habe ich in der oberen Etage für sie eine Schlafkammer, eine Stube und eine eigene kleine Küche eingerichtet und natürlich ein eigenes Bad, mit fließendem kaltem und warmem Wasser und einer Toilette. Niemand musste mehr aufs Häusl. Natürlich gab es auch kaltes und warmes Wasser in der Küche. Man musste nicht mehr mühsam pumpen und das Wasser ins Haus schleppen. Das Waschhaus hatte ebenfalls ausgedient, ich schaffte nämlich gleich eine Waschmaschine an. In allen Räumen gab es nun Lampen mit Lichtschaltern und dazu mehrere Steckdosen, damit man alle möglichen Geräte anschließen konnte.

Aber meinst, die wären dankbar gewesen? Doch, der Hans schon. Er ist ein lieber, verträglicher Mensch, der bei seiner Frau selbst nichts zu lachen hatte. Sie musste immer recht haben, egal worum es ging. Wenn sie sagte, der Schnee ist grün, dann war er grün. Dann wagte er es nicht, zu widersprechen. Mit mir machte sie es genauso. Um jede Kleinigkeit zankte sie mit mir herum. Bei jeder Neuanschaffung entbrannte ein Streit. Im Frühjahr 1968 kaufte ich einen Mähdrescher. Da fing erneut das Gezeter an: ›Ja, bist narrisch wor'n? Hast noch so viel Schulden auf dem Haus und kommst daher mit einem Mähdrescher! Wozu brauchst jetzt du einen Mähdrescher?‹

›Zum Dreschen natürlich.‹

›Zum Dreschen natürlich‹, äffte sie mich nach. ›Bis jetzt haben wir uns alle Jahre den Mähdrescher vom Maschinenring ausgeliehen. Das ist auch gegangen.‹

›Freilich ist das gegangen. Dann muss ich aber immer brav warten, bis der frei ist, und dann regnet es meist. Jetzt kann ich mähen, wenn das Wetter ideal ist. Außerdem, die Leihgebühr ist ganz schön hoch, und der Lohn für den Fahrer ebenfalls. Jetzt behalte ich das Geld in meiner Tasche. Also zahlt sich der Mähdrescher praktisch selbst.‹

›Das dauert aber Jahre, bis der sich selbst gezahlt hat.‹

›Und wenn schon, darüber musst du dich nicht aufregen. Übrigens, so lange brauch ich gar nicht zu warten, den zahle ich im Oktober vom Hopfengeld.‹

›Ah, geh, du Depp, wovon willst nachher den Zins fürs Haus zahlen?‹

›Das braucht dich nicht kümmern. Das sind meine Schulden, die zahl ich schon selbst. Was meinst, warum ich im Winter im Schlachthaus arbeite?‹

Im Frühjahr darauf leistete ich mir einen neuen Schlepper. Stell dir vor, was da wieder los war! Ihre Beschimpfungen, die ein reichhaltiges Vokabular an Beleidigungen enthielten, ließ ich zunächst gelassen über mich ergehen. Als es dann sachlich wurde, begann ich eine Diskussion mit ihr.

›Schon wieder Schulden!‹, jammerte sie. ›Wozu brauchst du einen neuen Schlepper?‹

›Als Landwirt muss man mit der Zeit gehen,

sonst bleibt man hinten. Der neue Schlepper ist wesentlich leistungsstärker als der alte.‹

›Ach, ein Schmarrn. Der alte hätt's noch lange getan.‹

›Hätte er eben nicht. Dauernd war was zu reparieren. Ich hab mehr unter dem Klapperkasten gelegen als draufgesessen.‹

›Zahlt sich der etwa auch selbst?‹, höhnte sie.

›Aber klar‹, gab ich ihr Kontra. ›In der Zeit, in der ich an dem alten nicht rumschrauben muss, kann ich etwas tun, das mehr einbringt.‹

Im Frühsommer 1970 erregte ich ihren Zorn, als eine Hopfenpflückmaschine in den Hof einfuhr. ›Was ist denn das für ein Ungetüm?‹, herrschte sie mich an.

›Das ist eine Hopfenpflückmaschine‹, gab ich brav Auskunft.

›Eine was? Eine Hopfenpflück...‹, der Rest des Wortes blieb ihr im Hals stecken. ›Das glaubst du doch selbst nicht, dass so ein Ungetüm durch die Reihen fährt und Dolde um Dolde abzupft.‹

›Das stimmt, das macht sie wirklich nicht. Die Reben werden mit einem speziellen Wagen heruntergerissen und heimgebracht. Dann hängt man sie einzeln hinten an die Maschine an. Auf der einen Seite kommen die leeren Reben heraus und auf der anderen Seite fallen die sauber abgezupften Dolden in einen großen Behälter.‹

›So ein Schmarrn‹, regte sie sich weiterhin auf. ›Ich kann mir nicht vorstellen, dass das schneller gehen soll als bei den Hopfenpflückern, die das jahrhundertelang von Hand gemacht haben.‹

›Nein, schneller geht es wahrscheinlich nicht.‹

›Warum gibst dann so viel Geld für die Maschine aus?‹

›Weil man keine Hopfenpflücker mehr bekommt. Außerdem, was ich an Lohn für diese einspare, davon hab ich in einigen Jahren das Ungetüm abbezahlt und dann verdienen wir sogar noch an ihm.‹

Ein Jahr später machte ich schon wieder eine Neuanschaffung. Dieses Mal waren es zwei Fernseher. Den einen stellte ich unten in die Stube und den anderen oben in die Stube, damit die alten Leutchen nicht zu kurz kamen. In erster Linie aber hatte ich ein zweites Gerät gekauft, damit die Alten nicht bei uns unten herumhingen und das Programm bestimmten. Erstaunlicherweise hatte Kathi an dieser Neuanschaffung nichts auszusetzen. Im Gegenteil, ich vermeinte sogar, so etwas wie einen Hauch von Dankbarkeit zu verspüren. Aber sonst änderte sich nichts zum Besseren.

Plötzlich kam der Neid auf. Hatte sie in den ersten Jahren immer über unsere Schulden gezetert, war sie mittlerweile neidisch auf uns, weil wir so erfolgreich waren und es mit dem Hof ständig aufwärts ging. Ihr Neid setzte uns aber noch mehr zu als ihr Geschimpfe über unsere Schulden. Es dauerte lange, bis ich mich endlich traute, etwas dagegen zu sagen. Doch mit der Zeit wurde ich selbstbewusster und wagte es sogar eines Tages, sie anzufauchen: ›Jetzt is' a Ruah.‹ Erschrocken hörte sie tatsächlich mit dem Schimpfen auf. Am nächsten Tag aber ging es wieder los. In scheinheilig freundlichem Ton fragte ich: ›Bist heute wieder mit dem falschen Haxn zuerst aufgestanden? Gescheiter wär's, wenn du zuerst mit dem rechten aufstehen würdest. Schreib's dir halt auf, damit du es nicht mehr vergisst.‹

Darauf brach sie in Tränen aus. Doch ich zeigte kein Mitleid. Im Gegenteil, ich derbleckte sie noch weiter:

›Siehst, jetzt brauchst nicht mal mehr zum Bieseln zu gehen. Du weinst das ganze Wasser schon raus.‹

Ähnliche Szenen gab es immer wieder mal. Auf diese Weise kam ich am besten mit ihr klar. Deine arme Mama aber war zarter besaitet. Die litt unter jedem bösen Wort und fraß alles in sich hinein. Sie war halt viel mit der Kathi allein. Da ich fast immer auf dem Feld oder im Schlachthof war, bekam ich das meiste nicht mit. An meinen Arbeitstagen in München fuhr ich in der Nacht bereits um drei Uhr los und kam erst gegen sieben Uhr am Abend wieder heim. Das bedeutete, meine Frau musste den Stall allein machen. Damit hatte ich ihr wohl zu viel zugemutet. Als sie das dritte Kind erwartete, habe ich im Stall reduziert. So nach und nach habe ich das Vieh abgeschafft, bis wir nur noch zwei Milchkühe hatten – für den Eigenbedarf – und zwei Mastschweine. Die dadurch frei gewordenen Wiesen habe ich in Hopfengärten umgewandelt. Dadurch hatte Leni nicht nur weniger Arbeit, wir hatten sogar mehr Einkommen.

Das Verhängnisvolle war, dass die alte und die junge Frau gemeinsam die Küche nutzten. Dabei hatte ich für die Kathi im ersten Stock extra eine kleine Küche einbauen lassen. Aber meinst, sie hätte dort gekocht? ›Noch bin ich die Herrin im Haus‹, betonte sie immer wieder. ›Ich lass mich doch nicht in ein Abstellkammerl abschieben.‹

Deine Mutter konnte noch so gut kochen, die Kathi bezeichnete alles als ›Fraß‹, den man ihr zumute. Wenn deine Mutter mit auf dem Feld war, kochte die Kathi. Kamen wir müde und erschöpft heim zum Essen schimpfte sie jedes Mal, sie hätte dieses und jenes nicht finden können, weil die Leni alles verräumt habe. Dazu sagte deine Mutter bald gar nichts mehr, damit es nicht wieder in einen Streit ausartete.

Auch hatte die Altbäuerin noch andere Bosheiten auf Lager. Diese schleuderte sie uns nicht nur direkt ins Gesicht, sondern verbreitete sie zusätzlich im ganzen Dorf, ja sogar in Nachbardörfern. Zum Beispiel: ›Die größten Deppen im ganzen Umkreis haben wir nehmen müssen.‹ Oder: ›Euch Faulenzern habe ich mein Sach viel zu billig überlassen.‹ Dabei war von Faulenzen bei uns keine Rede. Ich schaffte von früh bis spät und meine Frau ebenfalls. Sie war eine wirklich fleißige und tüchtige Person. Sie stammte ebenfalls aus der Landwirtschaft. Und da sie sechs Geschwister waren, hatte jedes von klein auf zupacken müssen. Ich kannte sie seit ihrem sechsten Lebensjahr. Obwohl sie ein Jahr jünger war als ich, sind wir gemeinsam in die Schule gegangen, wie das eben in einer einklassigen Schule üblich war. Wir hatten zusammen Erstkommunion, wir sind zusammen gefirmt worden. Auch nach der Schulzeit haben wir uns nicht aus den Augen verloren. Wir haben zusammen Theater

gespielt und sind uns immer wieder auf Tanz-
veranstaltungen begegnet. In den kleinen Dörfern, die alle ziemlich nah beieinanderliegen,
trifft man sich halt immer wieder. Eines Tages
haben wir dann gemerkt, dass wir uns mögen.
Schon bald stellte sie mich daheim vor, und ich
konnte mich davon überzeugen, dass ihre Eltern
fleißige, rechtschaffene Leute waren. Also war
es kein Fehler, die Leni zur Frau zu nehmen. Die
Kathi aber ließ kein gutes Haar an ihr. Lange
Zeit hegten wir die stille Hoffnung, dass es besser werden würde, wenn sie erst die Qualitäten
der jungen Frau erkannt hatte. Aber nichts. Die
Alte hat immer Streit gebraucht.

Einmal, ich war beim Ackern draußen, kam
deine Mutter weinend zu mir gelaufen.

›Was ist denn los?‹, fragte ich. Unter heftigem
Weinen erzählte sie mir, was ihr die Kathi alles
vorgeworfen hatte. Da bin ich heiß geworden.
Ich habe alles liegen und stehen lassen, hab mich
mit meiner Frau auf den Traktor geschwungen
und bin heimgefahren. Im Hausgang lief mir die
Alte direkt in den Weg. Noch ehe sie ihr freches
Mundwerk aufmachen konnte, herrschte ich sie
an: ›Jetzt ist aber Schluss! Wenn du meiner Frau
noch einmal solche Sachen an den Kopf wirfst,
dann verkauf ich euch.‹

Darauf zeigte sie mir den Vogel und erwiderte höhnisch: ›Du spinnst wohl! Wie willst du Leute verkaufen?‹

›Das geht schon‹, antwortete ich im Brustton der Überzeugung. ›Das Sach ist mir bereits überschrieben, also kann ich damit machen, was ich will. Ich verkauf euch mitsamt dem Glump.‹

›Pah‹, entgegnete sie. ›Da wirst dich schwertun. Du weißt selbst, wie schwierig es war, bis einer hergegangen ist.‹

›Ja, solche Deppen wie wir‹, benutzte ich ihre eigenen Worte. ›Wir waren die Einzigen, die auf deine Bruchbude reingefallen sind und dich zänkische Person noch dazugenommen haben. Aber jetzt, mit dem schönen Neubau, finde ich leicht einen Käufer, einen, der sogar einen Drachen wie dich als Dreingabe nimmt.‹

›Ja, … ja, … wo … willst nachher hin? Und wovon willst leben?‹, zeigte sie sich auf einmal um uns besorgt.

›Ich such mir schon einen Käufer aus, der mir das meiste bietet. Davon bau ich dann woanders eine Existenz auf. Vielleicht geht hier ja ein Mensch her, der dir besser passt als wir Deppen.‹

Natürlich hatte ich nicht die geringste Absicht, zu verkaufen und wegzuziehen. Dieses Haus hatte ich ja mit Herzblut gebaut und den Hof mit viel Schweiß auf Vordermann gebracht. In meiner Situation pokerte ich hoch, in der Hoffnung, ihr damit endlich das böse Maul zu stopfen.

›Ja, … ja, … das geht doch net‹, stotterte sie, kleinlaut geworden. ›Du kannst uns doch net einfach verkaufen.‹

›Das geht schon‹, trumpfte ich auf. ›Jetzt gibst mir den Haustürschlüssel, damit du keinen Blödsinn machst.‹

In dem Moment ist sie kasweiß geworden. Ihr ist wohl eingegangen, dass es mit dem Verkauf durchaus ginge und dass ich es ernst meinte. Danach war sie einige Tage recht friedlich. Doch sie konnte offenbar nicht aus ihrer Haut, denn bald fing sie wieder mit Sticheleien gegen meine Frau an, wenn diese allein daheim war. Als ich deswegen mit der Kathi wieder mal ein ernstes Wörtchen redete, hat sie mir vor Wut ins Gesicht gespuckt.«

Als mein Vater seinen Bericht an dieser Stelle unterbrach, schwiegen wir beide geraume Zeit. Jeder hing wohl seinen Gedanken nach. Für mich gab es da eine Sache, die mich stark beschäftigte. Endlich sprach ich sie aus: »Also Papa, das verstehe ich nicht. Ich glaube dir zwar jedes Wort, aber es passt nicht zu dem, was ich selbst erlebt habe. Nach Mamas Tod hat sich die Kathi liebevoll um uns gekümmert. Sie hat nicht nur viel Arbeit mit uns gehabt, was für eine Frau ihres Alters gewiss nicht leicht war, sondern sie war ausgesprochen nett zu uns. Wenn ich allein an die Einkaufsfahrten denke, die sie mit uns gemacht hat. Ihr Mann musste sie und uns vier Kinder jedes Jahr vor Ostern und nach der Hopfenernte nach Pfaffenhofen kutschieren, wo sie mit uns von einem Geschäft ins andere gewandert ist, um uns von Kopf bis Fuß neu einzukleiden. Ich erinnere mich noch gut an einen rot-weiß karierten Glockenrock, den sie mir gekauft hat, dazu einen weißen Sommerpulli und eine rote Kunstlederjacke. Diese Kombination trug ich mit besonderem Stolz. Es hat mir echt leid getan, als ich sie an Marlene weitervererben musste, weil ich rausgewachsen war. Für den Sommer kaufte Kathi für jedes von uns neue Klapperl und für den Winter gefütterte Stiefel. Ich, als größtes der Mädchen, bekam immer neue Sachen. Was noch gut war, wurde nach unten vererbt. Auf manche Sachen freuten sich die kleinen Schwestern direkt, über andere haben sie gemault. Oder wenn ich an den Sommer denke. Wenn am Sonntag schönes Wetter war, hat die

Kathi uns Mädchen fein herausgeputzt und ist mit uns spazieren gegangen. So manche Frau blieb stehen und äußerte bewundernd: ›Sauber hast sie beinand, deine Madln.‹ Dann war nicht nur sie stolz, sondern wir auch.«

»Ja, mit euch Madln hat sie sich gerne gezeigt. Den armen Bub hat sie aber oft links liegen lassen. Wenn sie mit euch spazieren ging, blieb er meist traurig bei mir zurück«

»Ja, das stimmt. Jetzt wo du das sagst, wundert es mich auch. Normalerweise sind die Leute doch stolzer auf Buben als auf Dirndl.«

Nachdenklich äußerte der Papa: »Vielleicht hat es damit zu tun, dass ihre beiden Adoptivsöhne sie maßlos enttäuscht haben. Vielleicht hielt sie sich bei meinem Buben deshalb so zurück, weil sie nicht noch einmal eine solche Enttäuschung erleben wollte. Mir jedoch hat es in der Seele weh getan, wie stiefmütterlich sie den armen Gregor behandelt hat. Aber ich habe nichts sagen mögen, ich war ja froh, dass sie sich wenigstens euch Mädchen gegenüber nett verhalten hat.«

Innerlich war ich ziemlich aufgewühlt. Nun hatte ich zwar endlich die Antwort auf meine Frage, wer das böse Weib war, aber mich beschäftigte eine weitere Frage: »Wenn die

Kathi zu jedem so bös war, wie passt das dann zusammen, dass sie uns gegenüber so freundlich war?«

Der Vater antwortete nicht gleich. Doch in seinem Gesicht arbeitete es. Entweder suchte er nach einer Erklärung oder er überlegte, wie er mir die Erklärung, die er bereits gefunden hatte, verständlich machen solle. Als er endlich zu sprechen begann, geschah das in einer sehr langsamen Weise, so als müsse er sich jedes Wort überlegen: »Ja, weißt, Dirndl – vielleicht tat sie das aus ihrem schlechten Gewissen heraus. Wahrscheinlich wollte sie an euch gut machen, was sie an eurer Mutter gesündigt hatte.«

»An unserer Mutter gesündigt? Das verstehe ich nicht, Papa. Was meinst damit?«

»Vermutlich fühlte sie sich sogar ein bisschen schuldig am Tod eurer Mutter.«

»Wieso sollte sie sich schuldig am Tod unserer Mutter fühlen? Die Mama ist eindeutig durch einen Autounfall ums Leben gekommen. Mit diesem hatte die Kathi doch absolut nichts zu tun.«

Wieder schien sich der Vater jedes Wort sorgfältig zu überlegen, bevor es über seine Lippen kam: »Da hast recht. Mit dem Unfall als solchem hatte sie nichts zu tun. Nur mit dem, was diesem Unfall vorausgegangen war, nämlich ihre jahrelange Boshaftigkeit meiner Frau gegenüber. Nachdem man mir die Nachricht überbracht hatte, die Leni sei an den Folgen des Unfalls gestorben, tröstete ich mich mit dem Gedanken, dass es für sie und uns alle wohl das Beste gewesen sei. Wenn sie überlebt hätte, wäre sie vielleicht massiv behindert gewesen. Ja, und bedenk mal, was es für euch bedeutet hätte, zwei Elternteile zu haben, die pflegebedürftig sind. Es ist ja schon schlimm genug, dass ich euch zur Last falle.« Wieder legte der Vater eine kleine Sprechpause ein, ehe er fortfuhr: »An dem nächsten Wochenende nach dem Unfall, das ich wieder zu Hause verbrachte, machte ich Besuch beim Chefarzt, um endlich zu erfahren, welche Verletzungen meine Frau davongetragen hatte und welche davon zum Tode geführt hatten. Der Arzt bewegte sein graues Haupt bedächtig hin und her, wobei er erklärte: ›Die Verletzungen Ihrer Frau waren gar nicht so schwer, dass sie daran hätte sterben müssen. Und wenn sie überlebt hätte, wären auch keine Schäden geblieben. Ihrer Frau fehlte der Überlebenswille. Sie muss so starke seelische Verletzungen gehabt haben, dass sie nicht mehr leben wollte.‹

›Hat sie Ihnen das gesagt?‹, wollte ich wissen.

›Das hat sie nicht. Aber ich habe Erfahrung genug, um zu spüren, wenn ein Mensch sich aufgibt.‹

Die Worte des Arztes haben mich stark erschüttert, und mir war sofort klar, woher die seelischen Verletzungen deiner Mutter rührten.« Er seufzte tief, bevor er weitersprach: »Drum bin ich froh über das, was du mir erzählt hast, nämlich dass die Kathi zu euch Kindern ausgesprochen nett war. Damit hat sie einiges wieder gutmachen können, was sie eurer Mutter angetan hat.«

»Ja, Vater, so sehe ich das auch. Sie war gewiss kein durchweg schlechter Mensch. Deshalb werde ich jeden Tag für sie beten. Aber eine Frage habe ich noch: Warum hast du mir das nicht damals schon erzählt, als ich dich fragte, wer das böse Weib vom Weiherhof ist?«

Er lächelte: »Ich sah, dass es mit euch und der Kathi gut lief, deshalb wollte ich dir deine Unbefangenheit nicht nehmen.«

»Das hast du richtig gemacht, Papa, das war sicher besser so. Sonst wäre ich wirklich nicht mehr unbefangen gewesen. Ich hätte sie ständig misstrauisch beobachtet und geradezu darauf gewartet, dass sie uns mal ein böses Wort gibt.«

Der Vater atmete noch mal tief durch, ehe er

erneut zum Sprechen ansetzte: »Noch eins muss ich dir gestehen, da ich gerade schon beim Beichten bin. Ich selbst fühle mich auch ein bisschen schuldig am Tod deiner Mutter.«

»Aber wieso, Papa? Wie kannst du so etwas behaupten?«, wies ich seine Selbstanklage energisch zurück.

»Nun, ich war es doch, der eure arme Mutter auf dieses heruntergekommene Anwesen geführt und ihr zugemutet hat, mit dieser streitsüchtigen Person zusammenzuleben.«

»Aber Papa«, widersprach ich ihm heftig. »Du darfst bei dir keine Schuld suchen. Du hattest keine andere Wahl. Das Haus von Kathi zu kaufen, war doch die einzige Möglichkeit, deiner Familie ein Heim und eine Existenz zu bieten.«

Nach diesen Worten streichelte er mir liebevoll über den Scheitel: »Du bist ein gutes Kind, Vroni. Du bist über deine Jahre hinaus reif und verständig. Mit deinen Worten hast du mir das Herz ein gutes Stück erleichtert.«

Obwohl meine Neugier nun gestillt war, ging mir die Kathi auch in der Folgezeit immer wieder durch den Sinn. Warum war sie so bösartig gewesen? Dass sie auf meine Mutter einen Groll hatte, dafür fand ich bald eine Erklärung. Vermutlich neidete sie es ihr, dass diese fast jedes

Jahr ein gesundes Kind zur Welt brachte, während ihr selbst Kindersegen versagt geblieben war. Aber was war mit der Zeit davor? Warum hatte sie sich ihren Adoptivsöhnen gegenüber so ekelhaft verhalten und all den Bewerbern um ihren Hof? Ob das auch mit ihrer Kinderlosigkeit zusammenhing? War sie nach dem Tod ihres Kindes und nach den Fehlgeburten so verbittert geworden, dass sie gegen jeden die Stacheln ausfuhr?

Nein, diese Theorie verwarf ich bald wieder. Wie aus der Erzählung meines Vaters hervorging, muss sie ja als junges Mädchen schon zänkisch und streitsüchtig gewesen sein. Sonst hätte sie nicht hochnäsig alle Verehrer so eiskalt abserviert. Schließlich fand ich zwei mögliche Erklärungen. Erstens: Da sie das einzige Kind ihrer Eltern war, hatten diese sie womöglich nach Strich und Faden verwöhnt. Zweitens: Vermutlich war sie in einer unglücklichen Haut geboren worden und hatte diese zeitlebens nicht ablegen können. Nein, das stimmte auch nicht ganz. Nach dem Tod unserer Mutter hatte sie bewiesen, dass auch eine liebenswürdige Seite in ihr steckte. Dadurch hat sie vieles wieder gutgemacht. Deshalb werde ich ihr, solange ich lebe, dankbar sein, dem bösen Weib vom Weiherhof.

Haushälterinnen

Nach Omas plötzlichem Tod blieb uns gar nichts anderes übrig, als uns so recht und schlecht durchzuwurschteln. Zum Glück war ich gescheit genug, meine Geschwister, insbesondere Marlene, rechtzeitig anzulernen, sonst wäre es mir bestimmt zu viel geworden. Marlene und ich wechselten uns mit Putzen ab und Papa und ich mit Kochen. Papa hat zwar meist gekocht, aber Backen konnte er nicht. Da nahm ich mir halt Mamas abgegriffenes *Bayerisches Kochbuch* vor und versuchte mein Glück. Meist klappte es ganz gut. Aber als ich zum ersten Mal einen Hefeteig wagte, war ich mir während der Teigzubereitung nicht mehr ganz sicher, wie es weitergehen sollte. Hilfesuchend rannte ich hinüber zur Nachbarin. Die kam dann auch gleich mit und half mir. Beim zweiten Hefeteig klappte es tatsächlich schon ohne Hilfe. Da war ich ganz stolz auf mein Werk.

Mit dem Kochen hatte der Papa auch nicht immer Glück gehabt. Da musste er sich erst hineinarbeiten. Nicht, dass wir Kinder essensmäßig verwöhnt gewesen wären, aber manchmal stellte er etwas auf den Tisch, zu dem wir, kaum, dass wir den ersten Bissen im Mund hatten, im Chor ausriefen: »Bah, was hast denn da gekocht? Das kann man ja nicht essen.« Nachdem er es dann selbst probiert hatte, gab er zu: »Ihr habt recht. Das kann man wirklich nicht essen.«

Die Mahlzeit war aber nicht verloren. Die haben wir den Hühnern hingeworfen, die sich wild draufstürzten. Wir aber saßen hungrig am Tisch. Dann schlug der Vater ein paar Eier in die Pfanne, und wir aßen sie mit einer Schnitte Brot.

Von seiner Schwester Rosi hat er sich so einige Gerichte zeigen und erklären lassen, er wollte ja nicht immer das Gleiche auf den Tisch bringen. Auch nahm er hin und wieder das alte Kochbuch zu Hilfe. Trotzdem klappte es nicht immer, wie es sollte. Was er bald gut drauf hatte, war Schweinsbraten mit Semmelknödeln. Aber auch seine Schnitzel waren nicht nur genießbar, die waren mit der Zeit ausgesprochen gut. Einen feinen Kaiserschmarrn gab es auch öfter. Die vielen Eier mussten ja weg.

Wie man die Waschmaschine bedient, hatte ich mir ebenfalls von meiner hilfsbereiten Nachbarin zeigen lassen. Das klappte ganz gut. Nur selten verirrte sich eine blaue Socke in die Weißwäsche, sodass sie nachher einen Blauschimmer hatte. Einmal war es eine rote Socke, die mit der

Weißwäsche in der Trommel landete. Daher hatten wir anschließend alle rosa Unterwäsche. Wir trugen sie mit Fassung.

Die Nachbarin war es auch, die für mich die Hühner schlachtete und mir zeigte, wie man sie rupft, ausnimmt und brät. Zugegeben, das erste Huhn war von außen ein bisschen verkohlt. Weil ich es gut gemeint hatte, hatte ich es zu lange in der Röhre gelassen. Das darf dir beim nächsten Mal nicht mehr passieren, nahm ich mir vor. Mein zweites Huhn war ziemlich zäh. Offensichtlich hatte ich es zu früh aus dem Backofen gezogen. Mit Todesverachtung kauten wir alle daran herum, als ob es Kaugummi wäre. Natürlich, gewarnt durch das plötzliche Ableben unserer Oma, achteten wir sorgfältig darauf, dass wir keinen Knochen mitschluckten.

Da ich für die Schule viel tun musste, mittlerweile war ich ja auf dem Gymnasium, und so zahlreiche häusliche Pflichten hatte, kam ich kaum noch zum Spielen. Das fiel auch unserem Pfarrer auf, der uns nach wie vor häufig besuchte. Zufällig bekam ich mit, wie er meinem Vater vorwarf: »Gregor, deine arme Vroni hat gar keine Zeit mehr, Kind zu sein.«

»Ja, das habe ich auch schon bemerkt, und

es tut mir furchtbar leid. Aber was soll ich machen?«

»Da wüsste ich schon etwas«, antwortete der geistliche Herr.

»Komm mir bloß nicht mit einer weiteren Hochzeiterin daher«, fuhr Papa gleich seine Krallen aus.

»Nein, um Gottes Willen, daran denke ich absolut nicht. Ich weiß ja, dass du in dem Punkt stur bist wie ein Panzer. Was du brauchst, ist eine Haushälterin.«

»Die Idee ist nicht schlecht. Aber wie komme ich an eine solche?«

»Aber geh, Gregor, stell dich doch nicht dümmer als du bist. Vom Maschinenring natürlich.«

»Vom Maschinenring?« Mein Vater sah aus wie ein großes Fragezeichen.

»Ja, freilich. Die verleihen nicht nur Maschinen, die vermitteln auch Haushälterinnen, gute, ausgebildete Kräfte.«

So kam es denn, dass sich einige Tage später ein junges, frisches Mädchen, gerade mal zwanzig Jahre alt, bei uns vorstellte. Papas Bedenken, ob sie denn einem so großen Haushalt gewachsen sei, wischte sie weg, indem sie ihm ihr Zeugnis vorlegte. Da sah er es schwarz auf weiß: Sie war eine examinierte Hauswirtschaftsleiterin. Sie kochte wirklich gut. Wir freuten uns immer, wenn es zu Tisch ging. Und auch sonst war sie super. Endlich wurde alles mal wieder richtig sauber gemacht. Da erst merkte ich, dass wir Kinder nur rumgepfuscht hatten. Es gab auch keine verfärbte Wäsche mehr und beim Bügeln keine überflüssigen Falten. Immer wieder schaute ich ihr auf die Finger. Aber nicht, um sie zu kontrollieren, sondern um zu lernen. Wir hatten auch viel Spaß zusammen, sie war ja nur wenige Jahre älter als wir alle.

Jetzt durfte ich wieder Kind sein. Nach dem Mittagessen scheuchte uns der Papa oft hinaus zum Spielen. Das lockte auch wieder die Kinder des Dorfes herbei. Manchmal waren wir sechzehn Kinder verschiedenen Alters, also genug, um zwei Völkerballmannschaften zu bilden.

In den Sommerferien packten wir bei schönem Wetter unsere Badesachen zusammen, dann kutschierte der Papa uns alle zum Schwimmbad und am Abend holte er uns wieder ab. Damit wir in der Schule, nach den Ferienerlebnissen befragt, nicht immer erzählen mussten, wir sind daheim geblieben oder wir waren im Schwimmbad, lud uns der Vater eines Tages alle ins Auto mit unbekanntem Ziel. Das war furchtbar aufregend. Wir landeten am Bodensee. Schon allein dieses große Wasser war für uns beeindruckend, und dann erst das Leben im Hotel und das Essen im Restaurant! Und die Ausflüge, die wir machten, zum Beispiel mit dem Dampfer über den Bodensee! Nun hatten wir in der Schule wirklich etwas zu erzählen.

Leider musste uns Lotte, unsere Haushälterin, schon nach fünf Monaten wieder verlassen. Vom Maschinenring war sie zu einem dringenderen Einsatz eingeteilt worden. Aber bereits drei Wochen später bekamen wir eine Neue, die Resi. Sie war fünfundzwanzig Jahre alt und hatte ebenfalls das Herz auf dem rechten Fleck. Auch was die Hausarbeit anging, stand sie ihrer Vorgängerin in nichts nach. Zu ihr entwickelte sich ebenfalls bald ein freundschaftliches Verhältnis. Daher waren wir sehr traurig, als sie nach zweieinhalb Jahren heiratete und von uns wegging. Ihr Mann hat gewiss keinen schlechten Fang gemacht. Wir aber standen wieder ohne Haushälterin da. Der Vater und ich beratschlagten ausgiebig, was wir in dieser Sache unternehmen sollten. Wir kamen überein, dass wir eigentlich gar keine echte Haushälterin mehr benötigten, ich war ja fünfzehn und Marlene fast vierzehn. Mit allen hauswirtschaftlichen Arbeiten waren wir bestens vertraut, und Papa war ein vorzüglicher Koch geworden. Nun ja, meinte er schließlich, eine Haushälterin brauchen wir nicht, aber eine Zugehfrau wäre nicht verkehrt. Sie könne die groben Arbeiten machen, damit uns Mädchen mehr Freizeit bliebe. Zufällig ergab es sich, dass eine Frau aus unserem Dorf, deren Kinder gerade flügge wurden, stundenweise eine Arbeit suchte. Das passte uns genau. Sie kam an fünf Tagen in der Woche für jeweils zwei bis drei Stunden. Sie putzte, bezog die Betten, bügelte und putzte auch die Fenster. Das wussten wir sehr zu schätzen, denn das waren Tätigkeiten, um die wir uns nicht gerade rissen.

Über die neu gewonnene Freizeit waren wir sehr glücklich. Wenn allerdings in einem Nachbarort ein Volksfest war und ich gefragt habe: »Papa, bringst mich hin?«, hat er Nein gesagt und es rundweg abgelehnt. Als aber die anderen drei so weit herangewachsen waren, dass sie ebenfalls den Wunsch hatten, ein Volksfest zu besuchen, bearbeiteten wir ihn zu viert, dann zog er immer den Kürzeren. Er fuhr uns hin und holte uns anschließend wieder ab.

Bald tat sich für uns drei Großen, mittlerweile zu munteren Teenagern herangewachsen, eine neue Art von Freizeitvergnügen auf. Zu Beginn der Sechzigerjahre waren unsere Gemeindeväter auf die Idee gekommen, so wie man das in umliegenden Dörfern schon seit Längerem praktiziert hatte, ein öffentliches Gefrierhäusl erbauen zu lassen. Auf Gemeindegrund wurde ein kleines Gebäude errichtet, in dessen Mitte man eine lange Tiefkühltruhe installierte, die Fächer zu beiden Seiten hatte. Gegen eine monatliche Gebühr konnte jede Familie ein solches abschließbares Fach mieten. Das brachte ungeheure Vorteile für die Vorratshaltung. Man war nicht mehr darauf angewiesen, nur in der kalten Jahreszeit zu schlachten. Nun konnte man dies das ganze Jahr über tun. Das Fleisch wurde ja in der Kühlanlage frisch gehalten. Auch wenn in der Erntezeit der Garten einen Überfluss an Früchten bot, wie Erdbeeren, Rhabarber, Sauerkirschen und Zwetschgen, konnte man sie im Tiefgefrierfach konservieren für den Winter.

Zu Beginn der Achtzigerjahre war diese umwälzende Neuerung bereits wieder überholt. Mit wachsendem Wohlstand konnten sich immer mehr Leute eine eigene Gefriertruhe oder einen Gefrierschrank leisten. Das ersparte ihnen den Weg zum Kühlhaus, wenn man ein Packerl Fleisch oder einen Beutel Obst brauchte. Bis 1982 hatte auch der letzte Bauer sein eigenes Gefriergerät im Haus. Somit war das schöne, praktische Gefrierhäusl überflüssig geworden. Die installierte Gefrieranlage war, obwohl noch völlig intakt, unverkäuflich, da ja alle anderen Gemeinden ebenfalls ein solch überflüssiges Gerät besaßen. So schien das Kühlhaus dazu verurteilt zu sein, langsam zu verrotten, bis die Burschen des Dorfes eine Idee hatten. Sie schafften die Tiefkühltruhe auf den Müllplatz und bauten das leer gewordene Gebäude um, sodass daraus ein Party- oder Freizeitcenter entstand. Hier traf sich die Dorfjugend am Wochenende oder auch an Abenden, um miteinander Spiele zu machen, zu singen, zu musizieren und auch zum Tanzen. Es bürgerte sich ein, dass alle zwei Wochen am Samstag ein Tanzabend veranstaltet wurde. Die Musik dazu kam von einem Plattenspieler oder von einem Kassettenrekorder. Mein sehr modern eingestellter Vater begrüßte es nicht nur, dass wir bald alle dort unseren Hobbys nachgingen, er lieferte sogar den Strom für den Partyraum.

Er selbst war schon seit längerer Zeit auf der Suche nach einem geeigneten Hobby, denn nur mit Kochen, Kinderherumkutschieren und Fernsehen fühlte er sich nicht ausgelastet. Aber was kann man tun, wenn man an den Rollstuhl gefesselt ist? Alle Sportarten schieden von vorneherein aus. In unser Freizeitcenter passte er vom Alter her nicht. Briefmarkensammeln war nicht sein Ding. Da kam ihm 1983 ein Zufall zu Hilfe. Unser Bruder Gregor war inzwischen vierzehn Jahre alt, und außer dass er auf dem Gymnasium ein guter Schüler war, begann er sich für Traktoren zu interessieren. Ein Klassenkamerad hatte ihn nämlich mal mit nach Hause genommen und ihn auf dem ländlichen Anwesen seiner Eltern herumgeführt. So gelangten sie auch in den Geräteschuppen. Dort dämmerte neben modernen landwirtschaftlichen Geräten ein alter Bulldog vor sich hin. Dieser erregte die Aufmerksamkeit meines Bruders. »Läuft der noch?«, wollte er von seinem Freund wissen.

»Im Moment nicht. Man könnte ihn aber ohne große Mühe wieder herrichten. Doch das lohnt sich nicht. Wir haben inzwischen zwei neue Schlepper, die wesentlich besser sind. Das alte Ding steht nur rum und nimmt uns Platz weg.«

Gregor jun. bekam ganz blanke Augen: »Würdet ihr mir den verkaufen?«

Der Freund lachte: »Wenn dir das alte Ding Spaß macht. Aber da musst meinen Vater fragen.«

Das tat Gregor umgehend. Im Prinzip hatte der Bauer nichts dagegen, fragte aber: »Was willst denn mit dem alten Glump? Er fährt ja nicht mehr.«

Darauf der junge Mann: »Den würde ich bei uns in die Scheune stellen, da ist genug Platz. Dann könnte ich in meiner Freizeit daran herumschrauben. Vielleicht bringe ich ihn wieder in Gang.«

»Dann musst aber erst mit deinem Vater reden. Wie ich weiß, bist du erst vierzehn und darfst noch keine so großen Geschäfte tätigen.«

Als mein Bruder mit strahlendem Gesicht dem Papa von seiner Entdeckung berichtete, bekam der auch blanke Augen. »Klar Bub, den schaue ich mir an.«

Beim Anblick des vorsintflutlichen Schleppers war mein Vater ebenfalls gleich verliebt in ihn. Mit dem Besitzer war man sich schnell handelseinig. Der Papa zahlte quasi einen symbolischen Preis, denn der Bauer war froh, dass ihm das Museumsstück keinen Platz mehr wegnahm. Er spannte einen seiner neuen Traktoren davor und schleppte den alten bis zu uns nach Hause. Von da an rollte der Papa fast jeden Tag in die Scheune und schaute voller Begeisterung das alte Ding an, auch wenn sein Sohn nicht gerade daran am Basteln war.

»Er steht da in der Scheune so einsam rum«,

verkündete unser Familienoberhaupt eines Abends beim Nachtessen. »Er braucht Gesellschaft.«

Von da an hielt Gregor jun. Augen und Ohren offen, und Gregor sen. hielt im landwirtschaftlichen Wochenblatt Ausschau nach Angeboten für alte Zugmaschinen. So landeten mit der Zeit immer mehr ausgediente Traktoren in unserem Stadl, die mein Bruder mit Papas Hilfe reparierte und lackierte. Sogar ich wurde in das Hobby mit einbezogen. Ich durfte die verblassten oder verrosteten Schriftzüge nachmalen.

Bald sammelten sich auch weitere landwirtschaftliche Geräte bei uns an: Eggen, Pflüge, Walzen, ja sogar eine Dreschmaschine. Diese Sachen bekam mein Vater von Bauern geschenkt, zum einen, weil sie dem armen querschnittsgelähmten Mann eine Freude damit machen wollten, zum anderen – und ich vermute, das war der Hauptgrund –, weil sie froh waren, dass sie die Teile nicht zu entsorgen brauchten. Bis über die Grenzen des Landkreises hinaus sprach es sich herum, dass es da einen gab, der »mittelalterliche« Maschinen aus der Landwirtschaft sammelte. Nach und nach gesellte sich zu den großen Geräten auch alles Mögliche an ausrangiertem Kleinzeug, wie Sensen, Sicheln,

Holzrechen, Dreschflegel und aus Stroh geflochtene Körbe, die vormals zur Aufbewahrung von Saatgut gedient hatten.

Mein Vater verbrachte mit seinem Sohn viele Stunden in »seinem Museum«. Nach seinen Anweisungen stellte und hängte Jung-Gregor die Objekte auf, und Alt-Gregor wurde nicht müde, sich immer wieder ihr gemeinsames Werk anzuschauen. Auch der befreundete Pfarrer verbrachte so manche Stunde mit Gregor in seiner Scheune und schleppte hin und wieder ein Stück an, das ihm »zugeflogen« war.

Vater und Sohn begnügten sich bald nicht mehr damit, alte Traktoren zu sammeln, sie präsentierten diese auch auf allen möglichen Oldtimertreffen. Mein Bruder steuerte jedes Mal ein anderes der alten Gefährte zum Sammelplatz, und mein Vater fuhr im Pkw vorneweg. Dort verbrachten sie nicht nur vergnügliche Nachmittage im Kreis von Gleichgesinnten, sie heimsten auch einige Orden und Auszeichnungen ein.

Es dauerte gar nicht lange, da sah sich der Vater genötigt, in der Scheune eine Vitrine aufzustellen. In dieser präsentierte er sämtliche Orden und Ehrenzeichen.

Mittlerweile ist aus dem bescheidenen Anfang eine beachtliche Sammlung geworden.

Wenn das so weitergeht, droht die Scheune »aus dem Leim zu gehen«. Bauern von nah und fern kommen herbei, um sich das »Museum« anzuschauen. Bei Wandertagen nehmen sich Lehrer mit Schulklassen diese außergewöhnliche Sammlung zum Ziel. Wenn der Lehrer seinen Schülern dann erzählt, wozu die einzelnen Gerätschaften früher verwendet wurden, freut sich der »Museumsdirektor«. Und wenn ihn der Lehrer gar bittet, er möge zu diesem oder jenem Teil etwas erklären, weil er dessen frühere Nutzung selbst nicht mehr kennt, erfüllt das meinen Vater mit einem gewissen Stolz.

Leider musste ich meinem Vater in jenen Tagen schon wieder Kummer bereiten. Großzügig, wie er war, hatte er mir zu meinem fünfzehnten Geburtstag ein funkelnagelneues Mofa geschenkt. »Damit du dich nicht immer so plagen musst«, war seine Begründung gewesen. Unsere Gegend ist nämlich ganz schön hügelig. Wenn ich also zur Geburtstagsfeier der einen oder anderen Klassenkameradin wollte, hatte ich mir angewöhnt, mühsam mit dem Radl dorthin zu strampeln. Ich wollte es meinen Vater nämlich nicht immer zumuten, den Bring- und Holdienst zu machen.

Nun, mit dem Mofa war das eine ganz andere Sache. Ohne Anstrengung tuckerte ich die Hügel hinauf, und darüber hinaus gab es mir ein Gefühl von Freiheit. Es erlaubte mir auch, für den Papa kleinere Besorgungen in der Stadt zu machen. Eines Tages aber – in Vorfreude auf die Geburtstagsparty war ich schon ganz in Gedanken – passierte es: Ohne auf den Verkehr zu achten, schoss ich aus unserer Hofeinfahrt und landete zunächst auf einer Kühlerhaube und dann auf der Fahrbahn. Der sehr erschrockene Autofahrer half mir auf die Beine und beteuerte, dass er so schnell nicht habe reagieren können. Er war sehr erleichtert, als er sah, dass ich sämtliche Gliedmaßen einwandfrei bewegen konnte. Ein paar Hautabschürfungen und einige Prellungen nebst einem blauen Auge waren harmlose Verletzungen. Deswegen suchte ich noch nicht mal einen Arzt auf. Mein armer Papa aber erschrak gewaltig, als er mich so erblickte. Es gelang mir, ihn schnell zu beruhigen, indem ich ihm erklärte, dass ich trotzdem zu der Feier wollte. »Dann kann es ja nicht so schlimm sein«, atmete er sichtlich auf. Während ich mich vom Straßenstaub befreite und ein paar Pflästerchen auf abgeschürfte Stellen klebte, »reparierte« mein Bruder das Mofa. Der Lenker war nämlich verzogen. Dann startete ich, nun vorsichtiger geworden, den zweiten Versuch, um zu Gerlindes Party zu kommen.

Unsere Zugehfrau Antonie blieb etwa dreieinhalb Jahre bei uns, dann verließ auch ihr letztes Kind endgültig das Haus und sie suchte sich eine Vollzeitstelle.

Das Testament

Nach Oma Kathis Tod hat sich ihr Mann groß-
artig verhalten. Er hat sich nicht in die Ecke
gesetzt und bedienen lassen, er hat überall mit
angepackt, egal ob im Hühnerstall, im Nutz-
garten oder als Chauffeur. Allerdings mochte
er nicht allein sein. So schloss er sich noch en-
ger an unsere Familie an. Früher war das alte
Ehepaar nach dem Nachtessen immer gleich
nach oben entschwunden, um in der eigenen
Wohnstube im Fernseher das anzuschauen,
was die Frau sehen wollte. Seit Hans verwitwet war, ging er entweder mit uns in unsere Stube oder wir blieben gemeinsam in der
Küche sitzen. Dabei störte er uns keineswegs.
Er war äußerst lieb und anpassungsfähig. In
der Stube schaute er mit uns immer das Fern-
sehprogramm an, das wir ausgewählt hatten.
In der Küche machten wir miteinander Brett-
oder Kartenspiele, wobei er sich über einen
Gewinn wie ein Kind freuen konnte, aber er
war auch ein guter Verlierer. Insgesamt war
also ein gutes Auskommen mit ihm.

Wie bereits erwähnt, machte er sich in Haus
und Hof nützlich, vor allem was das Holz an-

ging. Den Holzkasten neben dem Küchenherd ließ er niemals leer werden. Unser Brennholz hatte Vater früher immer mit Opa gemeinsam im Wald geschlagen und heimgefahren. Seit seinem Unfall aber ließ Papa die Bäume von einem Lohnunternehmen fällen, auf den Hof bringen und zersägen. Opa Hans war es dann, der die runden Stücke mit der Axt auf dem Hackklotz in ofengerechte Scheite zerkleinerte. Zusätzlich hackte er noch feine Stäbchen zum Feueranmachen.

Als Gregor jun. zwölf war, lernte Hans ihn an mit der Erklärung: »Dein Papa kann dich nicht anlernen, also ist das meine Aufgabe. Du musst das nämlich können, wenn ich nicht mehr da bin.«

Manchmal aber saß Opa im Lehnstuhl und erzählte uns, wie es früher bei ihm daheim gewesen war oder was er als Knecht auf den verschiedenen Höfen erlebt hatte. Nie ließ er ein böses Wort über seine verstorbene Frau verlauten, obwohl er es bei ihr nicht leicht gehabt hatte. Was er aber nach jedem Erzählstündchen, dem wir begeistert gelauscht hatten, anhängte, war der Satz: »So gut wie jetzt ist es mir noch nie ergangen.«

Im Laufe der Jahre wurde der Opa allerdings wunderlich. Wenn er morgens herunter kam, waren sein Hemd oder seine Jacke falsch geknöpft oder das Innere war nach außen gekehrt. Manchmal trug er zwei verschiedenfarbige Socken oder zweierlei Schuhe. Auch mit der Körperpflege hielt er es nicht mehr so, wie es sein sollte. Da mein Bruder die nötige Kraft und ausreichend Durchsetzungsvermögen besaß, schaffte er es, den Opa jeden Samstag zu duschen und ihm die Haare zu waschen. Auch war er es, der Hans die Finger- und die Fußnägel schnitt und ihn alle zwei Tage per Elektrorasierer barbierte. Bald ließ sich Opa das alles ohne Widerstand gefallen. Wir hatten also nun zwei Pflegefälle im Haus. Da wir Geschwister aber alle unseren Beitrag dazu leisteten, wurde es für keinen von uns zu viel. Während Hans zusehends mehr Pflege brauchte, war es beim Vater weniger geworden. Er hatte nämlich den Ehrgeiz, möglichst viel selbst zu können, und trainierte jede Bewegung. Gleichzeitig nahmen bei Opa die geistigen Fähigkeiten ab. Schließlich war er so dement, dass man ihn ständig bewachen musste, damit er nichts Dummes anstellte. Da man ihn nicht immer unter Kontrolle haben konnte, entwischte er uns manchmal. Meist kam er am Abend freiwillig zurück. Manchmal wurde er aber auch von wohlmeinenden Nachbarn, die ihn irgendwo aufgelesen hatten, nach Hause gebracht.

Eines Sonntagmorgens kam er nicht zum Frühstück herunter. Da befürchteten wir schon das Schlimmste. Mein Bruder ging nachschauen und kam mit der Nachricht zurück, dass Opa nicht in seinem Bett sei. Einerseits erleichterte uns diese Mitteilung, andererseits erschreckte sie uns. Nachdem wir jeden Winkel des Hauses durchsucht hatten, stellten wir fest, dass die Haustür nicht abgeschlossen war. Also musste er sich außerhalb aufhalten, und das im Winter. Deshalb galt es, ihn schnell zu finden. Wir durchkämmten Stall und Stadl, Garage und Geräteschuppen. Sein Auto war zum Glück noch da. In großer Sorge mobilisierten wir sofort die Dorfbewohner. Sie halfen bei der Suche eifrig mit. Schließlich, als wir ihn bis zum Nachmittag noch nicht gefunden hatten, schalteten wir die Polizei ein. Im Hubschrauber mit Wärmebildkamera überflogen sie das Gelände in immer größeren Kreisen. In einer Entfernung von etwa zehn Kilometern fanden sie ihn endlich. Der Vermisste lag in dreißig Zentimeter hohem Schnee. Er war völlig unterkühlt und total erschöpft. Bekleidet war er nur mit einer Unterhose, einem

Schlafanzug und einem Mantel darüber. Auf dem Kopf trug er drei Hüte übereinander und an den Füßen – ohne Socken – gelbe Gummistiefel. Im Krankenhaus steckten sie ihn zunächst in ein warmes Bad, um ihn wieder auf »Betriebstemperatur« zu bringen. Sie päppelten ihn noch ein paar Tage auf und entließen ihn nach Hause. Danach lebte er noch einige Monate bei uns, bis er Ende April 1984 im Alter von achtzig Jahren sanft entschlief.

Zum Zeitpunkt von Opas Tod lag unser Vater gerade für ein paar Tage in Pfaffenhofen im Krankenhaus, wo seine aufgelegenen Fersen behandelt wurden. Zwei Tage später, der Opa war noch in der Friedhofskapelle aufgebahrt, weilten Marlene und ich beim Papa am Krankenbett. Da erreichte uns ein Anruf von der Nachbarin. Wir sollten dringend nach Hause kommen, bei uns seien plötzlich zwei Männer aufgetaucht, und unsere jüngeren Geschwister wüssten nichts mit ihnen anzufangen. Marlene und ich fuhren eiligst nach Hause. Da saßen tatsächlich zwei Gestalten in unserer Küche, die ich noch nie gesehen hatte. Sie stellten sich als die Adoptivsöhne von Hans und Kathi vor.

»Und was wollt ihr jetzt bei uns?«, fragte ich sie rundheraus.

»Wir wollen unser Erbe antreten. Wir haben gehört, dass der Alte endlich abgekratzt ist.«

Da ich ihnen in diesem Punkt keinerlei Auskunft geben konnte, verwies ich sie an meinen Vater im Krankenhaus. Woher die plötzlich wussten, dass der Adoptivvater gestorben war, ist uns bis heute ein Rätsel geblieben. Jedenfalls hatten die beiden Burschen nichts Eiligeres zu tun, als sofort an das Krankenbett unseres Vaters zu rasen. Der konnte ihnen nur sagen, dass beim Amtsgericht ein Testament liege, er aber nicht wisse, was darin stehe. Also begaben sich die beiden Halbbrüder auf kürzestem Wege zum Amtsgericht und verlangten Einblick in Opas Testament. Mit welchem Recht sie das forderten und wer sie überhaupt seien, wurden sie gefragt. Sie seien die Adoptivsöhne des Verstorbenen und als solche stehe ihnen die Einsichtnahme ins Testament zu. Daraufhin belehrte man sie, dass ihnen das keineswegs zustehe, da das Testament auf den Namen Gregor Niedermeier hinterlegt sei. Und nur dieser habe das Recht auf Einsichtnahme. Dann müssen sich die beiden so furchtbar aufgeführt haben, dass sie von Gerichtsdienern mit sanfter Gewalt aus dem Gebäude entfernt worden sind.

Bei Opas Beerdigung wurden die beiden nicht

gesichtet, obwohl es eine kleine, überschaubare Trauergemeinde war. Zur Testamentseröffnung jedoch, die drei Wochen später erfolgte – aus welchem Grund diese so früh anberaumt worden war, weiß ich nicht, denn normalerweise erfolgt sie erst sechs Wochen nach dem Tod des Erblassers –, erschienen die Halbbrüder pünktlich. Der Testamentseröffnung wohnte ich mit meinem Vater bei. Nachdem der Notar den Inhalt verlesen hatte, machten die beiden Adoptivsöhne lange Gesichter. Der eine war völlig enterbt worden, dem anderen hatte Opa ein Grundstück zugedacht, das dieser bald veräußerte. Es war aber auch noch ein Sparbuch vorhanden, auf dem sich etwa 70.000 DM befanden. Unsere alten Leutchen hatten offensichtlich fleißig gespart. Wofür hätten sie auch Geld ausgeben sollen? Sie genossen ja freie Kost und Logis, und auch alle Nebenkosten hatte mein Vater übernommen. An Kleidung gönnten sie sich eh kaum mal etwas Neues. Ja, und die 10.000 DM Ablöse fürs Vieh waren auch auf dem Sparbuch gelandet.

Von dem Betrag auf dem Sparbuch kam unserem Vater das Wenigste zugute. Davon erhielt nämlich jeder der beiden Söhne sein Pflichtteil von 5.000 DM, dann sollten von einem Teil des

Geldes hundert Messen gelesen werden für das Seelenheil der verstorbenen Eheleute. Für die Beerdigung ging auch einiges drauf, und eine gewisse Summe sollte für fünfundzwanzig Jahre Grabpflege zurückbehalten werden. Außerdem hatte Opa Hans jedem von uns Kindern 2.000 DM vermacht.

Mit diesen Tatsachen wollten sich die beiden Adoptivsöhne nicht abfinden und schalteten einen Anwalt ein. Damit kamen sie aber nicht weit. Das Einzige, was sie von diesem Rechtsstreit hatten, waren die Kosten für ihren Rechtsbeistand.

Nachdem ich mein Abitur bestanden hatte, erhob sich erst gar nicht die Frage, ob und wo ich studieren sollte. Mir war klar, dass ich zu Hause gebraucht wurde. Meinen hilfsbedürftigen Vater konnte ich doch nicht im Stich lassen, und die jüngeren Geschwister, die noch alle die Schule besuchten, auch nicht. Deshalb hatte ich mir gar keine Gedanken gemacht, welches Studienfach mich interessieren könnte. Dass ich aber nur daheim blieb, um für Papa die Pflegerin zu machen und für meine Geschwister die Dienstmagd, duldete er nicht.

»Such dir etwas, wo du eine Ausbildung machen kannst, wo du Geld verdienst und von wo aus du jeden Tag nach Hause kommen kannst«, empfahl er mir. Zufällig suchte die Bank, bei der ich schon als kleines Kind immer »meine Bankgeschäfte« getätigt hatte, einen Lehrling. Also bewarb ich mich und wurde prompt genommen. Am 1. September 1986 trat ich meine Banklehre an. Dieser Weg war für mich die richtige Entscheidung. Die Arbeit war abwechslungsreich und machte mir Freude. Und da mein Vater mir zum Abi ein kleines Auto geschenkt hatte, konnte ich mittags heimfahren und mich an den gedeckten Tisch setzen.

Nach einigen Wochen aber stellte mein Vater fest, es sei doch recht anstrengend für mich, in der knappen Mittagspause nach Hause zu düsen, ich sähe ganz abgekämpft aus. Er schlug mir vor, doch wenigstens ab und zu in der Stadt in einem Restaurant zu essen. Natürlich sollte ich ihm morgens, bevor ich zum Dienst aufbrach, Bescheid sagen, ob ich mittags heimkäme oder nicht, damit er sich keine Sorgen zu machen brauche. Dieses Angebot nahm ich gerne an. Nicht nur, weil ich mich nicht mehr so abhetzen musste, sondern auch, weil es sehr nett war, mal mit der einen oder anderen Kollegin oder gleich mit mehreren die Mittagspause plaudernd in einem Wirtshaus oder in einem Café zu verbringen.

Nun gab es in unserer Bank auch einige männliche Kollegen. Diese befanden sich aber in »gehobenen« Positionen und waren für uns Respektspersonen. Im Traum hätte ich nicht daran gedacht, mal mit einem von ihnen die Mittagspause zu verbringen. Wir Mädchen duzten uns alle untereinander und sprachen uns mit Vornamen an. Die Herren aber zu duzen, war unüblich.

Anfang November war es, da sprach mich doch tatsächlich eines Morgens ein »älterer« Mitarbeiter – er war vier Jahre älter als ich, wie sich später herausstellte – an: »Wollen wir heute nicht zusammen essen gehen?«

Vor Überraschung und vor Freude muss ich rot angelaufen sein und brachte nur mühsam hervor: »Ja, ja, gerne.«

Er war nämlich ein gut aussehender Mann und genau jener, der mir von Anfang an von der ganzen Belegschaft am besten gefallen hatte. Den ganzen Vormittag schwebte ich wie auf Wolken. Nach Beginn der Mittagspause steuerten wir aber nicht ein Restaurant an, sondern mein Lieblingscafé. Meiner Meinung nach war es nicht schädlich, wenn ich mittags mal von Kuchen und Kaffee lebte, da ich abends vom Papa ja immer gesunde Gerichte vorgesetzt bekam. Wie gut, dass wir nicht in einem Restaurant gelandet waren, denn vor lauter Aufregung hätte ich eine komplette Mahlzeit nicht heruntergebracht. Ich hatte ja schon Mühe, meinen Kuchen zu schlucken. Unser Gespräch verlief zunächst stockend. Verständlicherweise sprachen wir zuerst über unsere Arbeit, dann über das Wetter. Da ich immer noch bei dem steifen ›Sie‹ war, schlug er vor, ich solle ihn Markus nennen. Dann lief die

Unterhaltung gleich flüssiger, und wir machten aus, die Mittagspause am folgenden Tag wieder gemeinsam zu verbringen.

An diesem Abend kam ich sehr beschwingt nach Hause. Kaum hatte mein Vater mich erblickt, fragte er: »Hast du dich etwa verliebt?«

»Wie kommst du denn darauf?«, regierte ich äußerst überrascht.

»So strahlend habe ich dich noch nie gesehen.«

»Du hast recht Papa, jetzt, wo du es sagst, denke ich auch, dass es so ist. Vorher wusste ich dieses neue Gefühl nicht zu deuten.«

Vor lauter Glückseligkeit fiel ich ihm um den Hals und gab ihm ein Bussi rechts und eines links auf die Wange.

»Halt, halt«, rief er, mich scherzhaft abwehrend. »Es freut mich ja, dass du deinen armen alten Vater so herzt, aber spar dir deine Gefühlsausbrüche für deinen Liebsten auf. Wie heißt er denn?«

»Markus!« Und dann sprudelte alles heraus, was ich in der Mittagspause erlebt hatte, und dass wir am nächsten Tag wieder gemeinsam zum Essen gehen wollten.

»Ja, das ist natürlich etwas anderes, als mit deinem alten Vater zu speisen.«

»Aber Papa! Du bist doch nicht etwa eifersüchtig?« Diese Sorge muss tatsächlich in meinem Gesicht zu lesen gewesen sein.

»Aber geh, Vroni«, wischte er sie mit einem lauten Lachen weg. »Das sollte doch nur ein Scherz sein. Du glaubst gar nicht, wie froh ich bin, dass du dich endlich verliebt hast. Ich hatte schon befürchtet, du kriegst keinen mit.«

Nun spielte ich die Beleidigte: »Du meinst, weil ich so schiach (hässlich) aussehe?«

»Aber nein«, wurde er nun wieder ernst. »Meine Sorge war, dass du, weil du dich so viel um die Familie kümmern musst, gar nicht dazu kommst, dein eigenes Leben zu führen.«

Mit Schmetterlingen im Bauch schlief ich ein und mit Schmetterlingen im Bauch wachte ich wieder auf. Der Vormittag in der Bank verlief geradezu schleppend, die Mittagspause konnte ich kaum erwarten. Wir setzten uns wieder in das Café und bestellten das Gleiche wie am Vortag. Diesmal verspeiste ich mein Tortenstück mit gutem Appetit. Danach fragte Markus mich nach meiner Familie. Aber ich brauchte ihm nicht viel zu erzählen. Ich hatte kaum begonnen, da erinnerte er sich, dass er damals als Neunjähriger von unserer tragischen Familiengeschichte erfahren hatte. In seinem Dorf war das seinerzeit ebenfalls tagelang Ortsgespräch gewesen. Dann sprach er über seine Familie, demnach war er das vierte Kind in einer Reihe von sechs Geschwistern. Am Ende seiner Erzählung sagte er: »Ehe wir unsere Bekanntschaft vertiefen, muss ich dir ein Geständnis machen.«

Für einen Moment hielt ich die Luft an. Was mochte da auf mich zukommen?

»In meinem Heimatort habe ich eine feste Freundin.«

Mir war es, als hätte man mir den Boden unter den Füßen weggezogen. Ich spürte, wie all meine Schmetterlinge ihre Flügel zusammenklappten und sich traurig in eine Ecke setzten. Gleichzeitig muss ich kasweiß geworden sein. Besorgt griff Markus nach meiner Hand und bestellte einen Cognac. »Trink den, dann geht es dir gleich wieder besser. Außerdem bin ich mit meinem Geständnis noch nicht am Ende.«

Nachdem ich den Cognac hinuntergekippt hatte, merkte ich, wie das Blut wieder durch meine Adern pulsierte und meine Farbe wohl wieder ins Gesicht zurückkehrte. Aber ich war nicht in der Lage, auch nur ein Wort zu sprechen. Was wird jetzt noch kommen?, dachte ich. Meine Hand haltend, fuhr er in seinem Geständnis fort: »An dem Tag, als ich dich das erste Mal sah, habe ich mich spontan in dich verliebt. Das wollte ich aber nicht wahrhaben. Dieses Gefühl vergeht gewiss wieder, redete ich mir ein. Es ist aber nicht vergangen. Stattdessen ist es von Tag zu Tag stärker geworden. Endlich fasste ich mir ein Herz und bat dich um eine gemeinsame Mittagspause.«

Ja, ja, das war ein schöner Reinfall für mich, ging es mir durch den Kopf. Er aber sprach weiter: »Beim nächsten Treffen mit meiner Freundin werde ich ihr erklären, dass es aus ist, weil ich mich in ein anderes Mädchen verliebt habe.«

»Ist das auch wirklich wahr?«, brachte ich schließlich mühsam heraus.

»Es ist wahr, Vroni, glaube es mir. Noch nie habe ich einen Menschen so geliebt wie dich.«

So allmählich fühlte ich von meinen Schmetterlingen zaghafte Flügelschläge. Mehr nicht.

»Wie? Ist deine Liebe schon vorbei?«, fragte mein Vater am Abend. Da fiel ich ihm wieder um den Hals, diesmal Trost suchend. Dann berichtete ich ihm von unserem Gespräch in der Mittagspause. Er verstand es wunderbar, mich zu trösten: »Wenn der Markus das gesagt hat, meint er es auch so. Mach dir deswegen keine Sorgen.«

Am anderen Morgen in der Bank bemühte ich mich, ihm nicht zu begegnen. Als es in die

Mittagspause ging, wartete er am Ausgang auf mich. Schweigend marschierten wir zu unserem Café und setzten uns wieder auf unseren »Stammplatz«. Nachdem wir bestellt hatten, schaute ich Markus in banger Erwartung an.

»Schau nicht so besorgt, Vroni. Es ist alles geklärt. Gestern Abend habe ich meiner Freundin gestanden, dass mit uns Schluss ist, weil ich eine neue Liebe gefunden habe.«

So sehr mich seine Worte auch freuten, gleichzeitig überkam mich Mitleid mit seiner Verflossenen.

»O, das arme Mädchen«, entfuhr es mir. »Du hast ihr gewiss das Herz gebrochen.«

»Ganz im Gegenteil«, lachte er lausbubenhaft. »Sie war sehr erleichtert.«

Nun verstand ich überhaupt nichts mehr. »Du musst nicht so entsetzt schauen!«, versuchte er mich aufzumuntern. »Gleich nach meinem Geständnis machte sie mir ebenfalls eines. Sie habe bereits vor einiger Zeit eine neue Liebe gefunden, hätte es aber nicht gewagt, mir davon zu erzählen. Sie wollte sich ihrer Sache erst sicher sein. Als sie sich über ihre Gefühle ganz im Klaren war, hat sie das Geständnis einige Male verschoben, weil sie mir nicht wehtun wollte. Deswegen hatte sie ein ganz schlechtes Gewissen und zwar noch aus einem weiteren Grund.«

»Was war das für ein Grund?«, regte sich meine weibliche Neugier.

»Auf einem Grundstück, das uns meine Eltern zur Verfügung gestellt hatten, habe ich begonnen, für uns beide ein Haus zu bauen. Nun war sie besorgt, dass meine ganze Arbeit umsonst gewesen sei. Auch in diesem Punkt konnte ich sie ziemlich schnell beruhigen, indem ich ihr erklärte, das Haus würde nicht unvollendet bleiben, ich gedenke mit einer anderen Frau einzuziehen.«

»Meinst du etwa mich?«

»Ja.«

»Soll das etwa ein Heiratsantrag sein?«

»Ja.«

Vorsichtig schaute er sich um. Als er sicher war, dass niemand uns in unserer Ecke beobachtete, zog er mich hoch, umarmte mich und drückte mir ein zartes Busserl auf die Lippen. »So, das war unser Verlobungskuss.«

Meine Schmetterlinge schlugen Purzelbäume. Am Abend begrüßte mich mein Vater mit den Worten: »Du strahlst ja so. Gibt es was Neues?«

»Ja, wir haben uns heute verlobt!«

»Donnerwetter, das ging aber schnell. Denkst

du nicht, dass es jetzt an der Zeit wäre, mir deinen Traumprinzen mal vorzustellen?«

Das tat ich dann am Sonntag drauf. Marlene hatte eigens zwei Kuchen gebacken, damit wir die Verlobung im Familienkreis gebührend feiern konnten. Nachdem sich mein Verlobter verabschiedet hatte, war der Kommentar meines Vaters: »Du hast eine gute Wahl getroffen.«

Am folgenden Sonntag feierten wir Verlobung mit Markus' Familie. Vorher aber hatte er mich zu seinem Rohbau geführt. Das heißt, eigentlich war schon mehr zu sehen als nur ein Rohbau. Fenster und Türen waren bereits eingesetzt. Es fehlten nur noch die Bodenbeläge, die Fliesen in Küche und Bad sowie die Sanitärausstattung. Auch fehlten noch die Wasser- und Elektroinstallation und natürlich die Tapeten. Das war auch gut so, denn so hatte ich bei der Auswahl ein Mitspracherecht.

Wie mein Verlobter mir anderntags in der Mittagspause gestand, waren seine Eltern mit seiner Wahl ebenfalls einverstanden. Nun gaben wir unsere Verlobung auch bei unseren Kollegen bekannt. Von allen Seiten hagelte es Glückwünsche, was uns einige Flaschen Sekt kostete. Diese hatten wir vorsorglich schon kalt gestellt. Einige Kolleginnen vermissten goldene Ringe an unseren Händen. Ach ja, vor lauter Verlobungsfeiern hatten wir völlig vergessen, Ringe zu kaufen. Das holten wir aber bald nach.

Mehrere Monate nach unserer überstürzten Verlobung machte ich eine besorgniserregende Entdeckung: Meine Tage blieben aus. Nachdem ich Markus das gestanden hatte, schloss er mich lachend in die Arme: »Mach dir doch deswegen keine Sorgen. Wir heiraten ja eh bald.«

Nun blieb mir noch der Schritt, meinen Vater ins Bild zu setzen. Aber wie immer machte es mir mein Vater leicht. Noch bevor ich den Mund aufgemacht hatte, fragte er: »Bist du schwanger?«

Wie vom Donner gerührt, ließ ich mich auf den nächsten Stuhl fallen. »Woher weißt du denn das schon wieder?«

»Das sehe ich dir an der Nasenspitze an. Außerdem habe ich schon mit so etwas gerechnet. Wenn man sich liebt, passiert so etwas eben.«

»Du bist mir also nicht böse?«, fragte ich, noch immer zerknirscht.

»Warum sollte ich? Du warst ja auch schon unterwegs, als ich mit deiner Mutter zum Traualtar schritt. Das ist doch der eindeutige Beweis: Der Apfel fällt nicht weit vom Stamm.«

Statt zu schimpfen, wie es andere Väter in einer solchen Situation vielleicht getan hätten, freute er sich auf das Kind, sein erstes Enkelkind. Er war glücklich darüber, dass seine Linie fortgesetzt wurde.

Wir leiteten alles in die Wege, damit die standesamtliche Trauung bald über die Bühne gehen konnte. Das Kind sollte doch schon mit Markus' Nachnamen auf die Welt kommen. Bis zur kirchlichen Hochzeit sollte jedoch noch eine Weile vergehen. Mein Mann hatte nämlich den Ehrgeiz, seine Familie vorher in das fertige Nest ziehen zu lassen. Außerdem wollten wir eine traditionelle Hochzeit haben. Daran waren nicht nur wir beide interessiert, darauf bestanden auch mein Vater und die Eltern von Markus. Eine solche Hochzeit bedurfte aber ausgiebiger Vorbereitungen. Diese ließen sich nicht auf die Schnelle erledigen.

Also marschierten wir erst mal am 26. Mai 1988 aufs Standesamt. Außer meinem Vater waren Markus' Eltern dabei, seine Geschwister mit Kind und Kegel und meine Geschwister, die noch ohne Anhang waren. Die beiden Väter fungierten als Trauzeugen. Nachdem wir laut und deutlich »Ja« gesagt hatten und ich zum ersten Mal mit meinem neuen Namen unterschrieben hatte, begaben wir uns in ein Restaurant, wo wir ein festliches Mahl einnahmen. Mein Vater ließ sich das schon was kosten. Zum Kaffee waren wir bei Markus' ältester Schwester eingeladen, die zur Feier des Tages einige köstliche Torten gebacken hatte. Danach wohnte ich weiterhin im Haus meines Vaters, während Markus weiterhin bei seinen Eltern lebte. Das war insofern günstig, als er in jeder freien Minute an der Fertigstellung des Hauses arbeiten konnte. Nach seinem Dienst in der Bank eilte er gleich zu unserem zukünftigen Zuhause. Damit wir Geld sparten, machte er vieles selbst oder half den Handwerkern.

Bis sechs Wochen vor der erwarteten Niederkunft, arbeitete ich auch noch auf der Bank. Drei Tage vor dem errechneten Termin hatte ich am Vormittag noch mal eine Kontrolluntersuchung bei meinem Gynäkologen. Als der meinen Bauch per Sonografie untersuchte, stutzte er: »Vroni, es geht heute noch los.«

»Wieso? Ich habe ja noch gar keine Wehen.«

»Die werden bald einsetzen. Der Ultraschall hat schon Veränderungen aufgezeichnet. Der ist unbestechlich.«

Der gute Mann hatte recht. Am Nachmittag setzten die Wehen ein. Aber wie! Ich rief Markus im Dienst an und erklärte ihm, er solle nicht zur Baustelle fahren, sondern zu mir, um mich ins Krankenhaus zu bringen. Das tat er auch und blieb die ganze Zeit bei mir. Er konnte mir zwar meine Schmerzen nicht nehmen, aber seine moralische Unterstützung tat mir ausgesprochen gut. Alles verlief ganz normal, und kurz nach Mitternacht, am 23. Juli 1988, tat unser Töchterchen seinen ersten Schrei.

Gegen ein Uhr in der Nacht kam der frisch gebackene Papa bei meinem Vater an. Vor lauter freudiger Erwartung war der noch nicht zu Bett gegangen. »Herzlichen Glückwunsch, Opa«, begrüßte mein Mann ihn. »Ein Mäderl haben wir. Ganz schwarze Haare hat es. Und es soll Lea heißen.«

In dem Moment muss mein Papa der glücklichste Mensch der Welt gewesen sein. So hat es mir mein Mann jedenfalls am anderen Tag berichtet, als er mit einem großen Strauß roter Rosen in der Klinik erschien.

Unser Familienleben sah nun so aus: Mit meiner kleinen Lea lebte ich weiterhin beim Vater, und Markus eilte, wenn er von der Bank kam, zu seinem Bau. Danach kam er verdreckt und verschwitzt zu uns, duschte, aß etwas und fiel todmüde ins Bett, damit er am nächsten Morgen für seinen Beruf wieder fit war. Als meine acht Wochen Mutterschutz um waren, nahm ich meine Arbeit in der Bank wieder auf, während mein Vater sein Enkelkind versorgte. Er machte das wirklich prima. Man hätte sich keine bessere Kinderschwester wünschen können. Wenn Markus und ich in der Mittagspause heimkamen, konnten wir uns an den gedeckten Tisch setzen und brauchten uns nachher auch nicht um den Abwasch zu kümmern.

Unterdessen vernachlässigten wir unsere Hochzeitsvorbereitungen nicht. Zunächst galt es, einen Saal zu finden, in dem etwa 150 Personen Platz hatten. Das war gar nicht so einfach. Nach ausgiebiger Suche fanden wir ihn endlich in einem Nachbardorf, aber man war noch dabei, ihn zu renovieren. Bis Mitte April des folgenden Jahres werde er fertig sein, stellte man uns in Aussicht. Also legten wir den Termin für unsere kirchliche Trauung auf den 15. April 1989. Eine Musikkapelle musste angeheuert werden, wir brauchten eine Gästeliste, und die Gäste mussten schriftlich eingeladen werden. Zudem gab es noch vieles mehr, was bei einer traditionellen Hochzeit zu bedenken war.

Die Möbel für unser erstes gemeinsames Heim hatten wir auch schon ausgesucht.

Mein Vater ließ es sich nicht nehmen, die »Brautmutter« zu spielen. Er zog mit mir los, um das Brautkleid zu kaufen, nebst dem unerlässlichen Zubehör. Dabei bewies er unendliche Geduld. Wir durchstöberten die Modehäuser in Pfaffenhofen, in Ingolstadt, in Freising und fanden endlich das richtige Kleid in Straubing. Genauer gesagt, es war noch immer nicht wirklich mein Traumkleid. Doch der geschickten Schneiderin des Modehauses gelang es, das Kleid nach meinen Wünschen so zu ändern, dass ich rundum zufrieden war. Nach drei Tagen konnte ich es abholen. Es war schulterfrei, am Oberarm waren die Ärmel gebauscht und am Unterarm eng anliegend. Dazu suchte ich einen passenden Bolero aus.

Zu einer klassischen Hochzeit gehörte auch das »Kammerherfahren« am Vortag. Dieser Brauch war wohl in einer Zeit entstanden, als die Töchter von ihren Eltern als Mitgift ein komplettes Schlafzimmer samt Wäsche bekamen. Vermutlich wollte man den lieben Mitmenschen zeigen, wie wohlhabend man war, beziehungsweise wie gut man seine Tochter aussteuerte. Deshalb lud man die Schlafzimmermöbel auf einen Brückenwagen (Pritschenwagen) und fuhr ihn mit zwei Rössern davor zum Haus des Bräutigams. Ein solcher Wagen stand noch bei uns im Stadl, allerdings hatten wir keine Rösser mehr, dafür aber jede Menge alte Traktoren. Wir hatten uns zwar ein ganz modernes Schlafzimmer ausgesucht, das bereits in unserem neuen Haus wartete, um aber der Tradition Genüge zu tun, luden wir das alte Schlafzimmer aus Mamas Jugendzeit auf den Wagen. Wie es üblich war, ließen wir die Türen des Kleiderschrankes und der Nachtkastl offen stehen. Auch die Schubladen der Nachtkastl und der Kommode boten Einblick, da sie halb herausgezogen waren. Jeder sollte schließlich meinen »Reichtum« an Bett-, Tisch- und Frotteewäsche sehen. Die Betten waren sehr sorgfältig gemacht, alte Leintücher waren aufgezogen und dicke Federbetten, mit Damast überzogen, türmten sich auf ihnen. Da es mir aber an Bezügen für die Paradekissen mangelte, steuerte eine Nachbarin ihre uralten spitzenbesetzten Bezüge leihweise bei.

In Ermangelung von Blumen und frischem Laub hatte man alles mit Tannengrün reichlich dekoriert. Bevor der Wagen losfuhr, pflegten wir noch einen weiteren alten Brauch. Vor eines der Wagenräder stellte man einen tönernen Blumenuntersetzer, der mit Weihwasser gefüllt war. Zerbrach dieser, wenn der Wagen darüberfuhr, bedeutete das Glück für die junge Ehe. Nun ja, so ein Untersetzer hatte nicht die geringste Chance, das Darüberfahren des Wagenrades heil zu überstehen.

Ein alter Lanz wurde vorgespannt, mit dem mein Bruder mein »Hab und Gut« stolz wie Oskar zu meiner neuen Wohngemeinde kutschierte. Wir anderen fuhren nicht minder stolz mit dem Pkw langsam hinterher. Schließlich wollten wir die bewundernden Blicke der Schaulustigen und deren fröhliches Winken nicht versäumen. Unser Weg war gut zwanzig Kilometer lang, führte durch mehrere Dörfer, und überall säumten die Leute den Straßenrand. Mit dem Wetter hatten wir riesiges Glück gehabt. Die Sonne lachte vom blauen Himmel, wie schon die ganzen Tage zuvor.

An unserem Hochzeitstag aber ließ es sich der Himmel einfallen, zu regnen. Es schüttete zwar nicht wie aus Kannen, aber es war immerhin ein unangenehmer Schnürlregen, der auch Abkühlung mitgebracht hatte. Wie war ich nun froh, dass ich meinen Bolero hatte. Aber abgesehen davon, der Regen beeinträchtigte auch die Vorfeier. Denn diese gehörte ebenso zur Tradition wie alles Vorangegangene. Um neun Uhr am Hochzeitsmorgen trafen sich die Freunde und

Verwandten der Braut an ihrem Elternhaus zum Weißwurstessen, wogegen sich Freunde und Verwandte des Bräutigams an dessen Elternhaus einfanden. Da es am Hochzeitsmorgen aber Bindfäden regnete, war es unmöglich, die Gäste im Hof zu bewirten. Etwa siebzig Personen drängten sich bei uns ins Haus, und bei den Eltern von Markus war es ein ähnliches Bild. Alle wollten natürlich ihre Weißwürste und Brezen im Trockenen verzehren.

Bei uns hatten zwei Nachbarinnen das Erwärmen und Austeilen der Weißwürste übernommen. Brezen, Bier und Limo konnte sich jeder selbst nehmen und natürlich den obligatorischen süßen Senf. Alles stand auf Tischen und Fensterbänken bereit. Das Brautamt war für elf Uhr angesetzt. Etwa eine halbe Stunde vorher fuhr das geschmückte Brautauto vor, gelenkt von einem Freund des Bräutigams. Er saß bereits darin, und ich stieg zu. Unsere kleine Tochter, mittlerweile neun Monate alt, ließen wir bei der Nachbarin zurück. Sie hätte von dem Fest eh noch nichts gehabt, und wir hätten nicht so unbeschwert feiern können. Lea kannte die Nachbarin bereits, von daher gab es keine Probleme. Überhaupt war sie ein pflegeleichtes Kind, das hätte überall geschlafen. Dann fuhr das Auto unter lautem Gehupe los, und alle anderen Wagen der Hochzeitsgesellschaft fuhren laut hupend hinterdrein. Da es regnete, war kaum ein Mensch am Straßenrand zu sehen. Dennoch musste die Huperei sein.

Nach dem feierlichen Traugottesdienst ging es ebenso laut hupend zu der ausgesuchten Wirtschaft, wo das Festmahl vorbereitet war. Nach der Renovierung waren wir tatsächlich die erste Hochzeitsgesellschaft, die dort feierte.

Wie es sich gehört, hatten wir auch einen Hochzeitslader. Dieser war aber nicht, wie früher üblich, von Haus zu Haus gegangen, um die Gäste einzuladen. Das machte man in unserer Generation per Brief oder Telefon.

Der Hochzeitslader hatte dennoch eine traditionsreiche Aufgabe. Als Conférencier führte er den ganzen Nachmittag und Abend durch das Programm. Er war es auch, der regelte, wann die Musik zu spielen hatte und wer auf die Tanzfläche durfte. Als wir in den frühen Morgenstunden das Lokal verließen, hing mein Kleid, das so teuer gewesen und so sorgfältig ausgesucht worden war, in Fetzen an mir herunter. Beim Tanzen war halt immer wieder jemand drauftreten. Das tat aber unserer Freude und unserem Glück keinen Abbruch.

Endlich hatten wir unser eigenes Nest, endlich konnten wir ein richtiges Familienleben führen. Es war aber nicht so, dass ich mit meinem Auszug aus dem Elternhaus meinen Vater und meine Geschwister unversorgt zurückgelassen hätte. Marlene hatte nach mir die Rolle der Hausfrau übernommen. Nach dem Besuch der Hauptschule hatte sie zunächst eine Ausbildung als Metzgereifachverkäuferin absolviert. Danach hatte sie ihren Realschulabschluss nachgeholt, die Fachoberschule besucht und eine Banklehre angehängt; nicht bei der Bank, bei der ich angestellt war, aber ebenfalls in Pfaffenhofen. Nach Abschluss der Lehre wurde sie prompt von ihrer Bank übernommen. Als Bänkerin konnte sie problemlos weiterhin zu Hause wohnen und die kleiner gewordene Familie, nämlich nur sich und den Vater, versorgen.

Bruder Gregor war längst aus dem Haus. Unser Onkel Paul, Vaters ältester Bruder, war ledig geblieben und hatte daher keine Nachkommen. Er köderte unseren Bruder, indem er ihm anbot, er könne sein Nachfolger auf dem Hof werden, also auf jenem Hof, von dem unser Vater stammte. Dieser Gedanke war für unseren Bruder überaus reizvoll, und auch unser Vater stand der Idee sehr positiv gegenüber, dass sein Sohn den Hof übernehmen sollte, auf dem er selbst so viel und so schwer gearbeitet hatte.

Gregor jun. hatte nun den Ehrgeiz, nicht nur ein einfacher Landwirt zu werden, sondern ein »studierter Bauer«. Aus diesem Grund verbrachte er nach dem Abitur ein Lehrjahr in einem Fremdbetrieb. Nebenher besuchte er die landwirtschaftliche Berufsschule in Pfaffenhofen. Das zweite Lehrjahr begann er dann auf dem Hof seines Onkels. Die beiden verstanden sich aber überhaupt nicht. Onkel Paul machte im alten Trott weiter, während der Neffe gern neuen Wind in den Betrieb gebracht hätte. Er war bestrebt, die neuesten Erkenntnisse und Verfahren in der Landwirtschaft, die er in der Schule und in seinem ersten Lehrbetrieb gelernt hatte, einzubringen. Doch damit kam er bei Paul schlecht an. Völlig desillusioniert warf Gregor nach einem halben Jahr das Handtuch. Er begab sich nach Karlsruhe und studierte Volkswirtschaft. Dieser Schritt war für ihn goldrichtig gewesen. Danach legte er eine steile Karriere hin. In

Regensburg machte er seinen Doktor und heute ist er Geschäftsführer bei der HVG (Hopfenverwertungsgesellschaft), die weltweit mit Hopfen handelt.

Renate war auch nicht mehr zu Hause. Nach ihrem Realschulabschluss machte sie eine Lehre in einem Bauernhaushalt und schloss mit einem Examen als Meisterin der ländlichen Hauswirtschaft ab.

Ich selbst arbeitete weiterhin bei meiner Bank. Am Morgen lieferte ich unsere kleine Lea bei meinem Vater ab, die er vorbildlich betreute, bis ich sie am Nachmittag wieder abholte. So hatte er eine sinnvolle Aufgabe, bis die Kleine in den Kindergarten kam. Er brachte sie hin und holte sie auch wieder ab. Damit er nicht aussteigen musste, wenn er sie abholte, brachte man ihm das Kind ans Auto. Aber noch bevor es so weit war, hatte sich bei uns längst ein zweites Töchterchen eingestellt. Auch dieses versorgte der Opa mit bewundernswertem Geschick vom Rollstuhl aus.

Und ebenso wie die große Schwester schickten wir nach Vollendung ihres dritten Lebensjahres Fanny in den Kindergarten, damit sie Gesellschaft hatte. Vor allem auch deshalb, weil unsere Große ja bald schon zur Schule musste. Außerdem haben Kinder in diesem Alter einen starken Bewegungsdrang, und der Opa war nicht in der Lage, ihnen hinterherzulaufen.

So sehr mein Vater es bedauerte, dass ihm nun die Aufgabe des Kinderpflegers genommen war, so sehr genoss er es aber auch, nun wieder öfters in seinem »Museum« sein zu können, zumal er immer mehr Zeit in den wachsenden Besucherstrom stecken musste.

Als wir das Gefühl hatten, unser Leben verlaufe endlich in geordneten Bahnen, warf uns ein neues Ereignis aus dem Gleis. Am 21. April 1994 wollten mein Mann und ich mit den Kindern für eine Woche nach Ibiza fliegen. Wir dachten, der Winter sei endgültig vorbei. Doch einige Tage vor unserer Abreise erfolgte ein Kälteeinbruch, und es fing wieder an zu schneien. Das hätt's auch nicht mehr gebraucht, dachte ich. Denn der Garten war schon bunt von Krokussen, Narzissen und Osterglocken. Ja, die ersten Tulpen hatten bereits ihre Kelche geöffnet, und die Forsythien standen in voller Blüte. Alles wurde von dem schweren Weiß bedeckt, sodass sich die Stängel und Zweige traurig nach unten bogen. Nur die Kinder hatten Spaß an dem Schnee. Sie holten noch mal die Schlitten heraus und rodelten mit den Nachbarskindern am nahe gelegenen Hang. Der Schnee erreichte schließlich eine Höhe von dreißig Zentimetern. Das bedeutete, die Schneeschaufeln mussten wieder aktiviert werden, damit wir überhaupt aus dem Haus und aus der Garage kamen.

Nach drei Tagen setzte plötzlich eine Warmperiode ein. Die ganze Schneepracht schmolz innerhalb weniger Stunden dahin, und gleichzeitig schlug der Schneefall in Regen um. Aber in was für einen! Dichter Regen, der schier nicht aufhören wollte, prasselte auf das Land. Diese Wassermassen verkraftete unser kleiner Fluss, die Ilm, nicht. Nach kurzer Zeit trat sie bereits über die Ufer. Zunächst dachte man sich nichts Böses dabei. Doch als der Regen gar nicht aufhören wollte, wurde das steigende Wasser von allen Anwohnern mit großer Besorgnis beobachtet. Die Flut breitete sich ziemlich schnell aus, und der Himmel zeigte kein Erbarmen. Bald hatte das Wasser die ersten Häuser erreicht. So etwas wie Sandsäcke gab es bei uns nicht. Eine solche Naturkatastrophe hatte es in dieser Region noch nie gegeben, deshalb war man in keiner Weise darauf eingestellt. Um die Keller vor dem Volllaufen zu schützen, hieß es improvisieren. Mein Mann holte die Schalbretter, die von unserem Hausbau übrig geblieben waren, aus dem Keller, sägte sie zu passenden Stücken und nagelte sie vor die Kellerfenster. Aber das nützte nicht viel. Das Wasser drängte mit Macht durch alle Ritzen. Es dauerte nicht lange, da stand es dreißig Zentimeter hoch in allen Kellerräumen. In unserem Viertel konnte niemand mehr aus dem Haus, und aus der Garage erst recht nicht. Man kam sich vor wie in Venedig, wir waren von Wasserstraßen umgeben. Während so etwas in Venedig als Touristenattraktion gilt, empfanden wir es als Katastrophe. Wir waren von jeglicher Versorgung abgeschnitten. Als Retter in der Not nahte die Feuerwehr mit ersten Schlauchbooten. Zu unserer Überraschung war auch ein Bruder meines Mannes dabei, der im Schlauchboot an unserem Haus vorbeiruderte. Die Feuerwehrmänner brachten Menschen zum Arzt und versorgten Leute mit Lebensmitteln. Zur Arbeit fahren konnte auch niemand mehr. Uns betraf das allerdings nicht. Wir hatten ja Urlaub und geplant, am nächsten Tag loszufliegen. Aber daran war nicht zu denken. Markus rief beim Reisebüro an, schilderte unsere Lage und traf auf großes Verständnis. Die gebuchte Reise wurde um eine Woche verschoben.

Nach drei Tagen war der Spuk vorbei. Der

Regen hörte auf, das Wasser floss ab, und man konnte wieder trockenen Fußes aus dem Haus. Jetzt erst war es möglich, die Keller leerpumpen zu lassen und dabei die angerichteten Schäden festzustellen. Bei vielen war das Wasser im Keller so hoch gestiegen, dass der Heizkessel kaputt war. Für den Moment empfanden die Menschen das aber nicht als tragisch. Man musste ohnehin nicht heizen, weil es inzwischen frühlingshaft warm geworden war. Wir hatten Glück gehabt, unserem Heizkessel war nichts passiert. Dank der Bretter, die Markus vor die Kellerfenster genagelt hatte, war das Wasser bei uns nicht so hoch gestiegen wie bei anderen. Dennoch stellten auch wir Schäden fest. Im Souterrain war ein Gästezimmer eingerichtet. Das eingedrungene Nass hatte dessen ganzen Boden verdorben und die Möbel dazu. Das wurde uns zum Glück alles ersetzt, weil wir klugerweise bei Bezug des Hauses eine Hochwasserversicherung abgeschlossen hatten, obwohl wir damals nicht im Traum daran gedacht hatten, dass ein solcher Fall bei uns eintreten könnte. Es gab einige Leute, die hatten sich das Geld für eine solche Versicherung erspart. Die blieben auf ihren Schäden sitzen, denn eine Entschädigung von höherer Stelle oder gar einen Fond für Katastrophenfälle gab es bei uns nicht.

Immer wieder sagten wir uns, dass wir glücklicherweise noch nicht abgereist waren. Als das Hochwasser kam, hatten wir doch einiges tun können, um zu verhindern, dass die Wassermassen noch schlimmere Schäden in unserem Haus anrichteten. Wie gesagt, mit einer Woche Verspätung traten wir unseren Urlaub an und genossen ihn trotz allem. Bei unserer Rückkehr war der Keller noch immer nicht völlig ausgetrocknet. Mein Mann war von dem Hochwasser so geschockt, dass er das Haus am liebsten auf der Stelle verkauft hätte.

»Jetzt brauchst du doch keine Angst mehr zu haben«, versuchte ich ihn zu beruhigen. »Man sagt, das sei ein Jahrhunderthochwasser gewesen. Also haben wir in den nächsten hundert Jahren nichts mehr zu befürchten.«

»Das sagst du so leicht dahin. Ob sich das Wetter aber daran hält? Du weißt doch gar nicht, ob mit dem Begriff ›Jahrhunderthochwasser‹ gemeint ist, dass so etwas nur alle hundert Jahre vorkommt, oder ob man damit meint, dass in jedem Jahrhundert mal eine solche Katastrophe eintritt. Da wir jetzt das Jahr 1994 schreiben, war dieses Hochwasser vermutlich für das 20. Jahrhundert vorgesehen gewesen. Denn so viel man hören und lesen konnte, hatte es in diesem Jahrhundert noch keine Überschwemmung von solchem Ausmaß gegeben. Dieses Hochwasser ist offensichtlich mit Verspätung erschienen. In sechs Jahren aber beginnt das 21. Jahrhundert, dessen Hochwasser könnte ja zu früh kommen. Bis dahin möchte ich weg sein.«

»Aber geh, Markus, einen solchen Schmarrn glaubst du doch nicht wirklich?«, versuchte ich ihn auf den Boden der Tatsachen herunterzuholen.

Lachend schloss er mich in die Arme: »Nein, meine Süße, das glaube ich nicht wirklich. Dennoch will ich weg. Hier fühle ich mich nicht mehr wohl. Wir werden das Haus verkaufen.«

Bei seiner Entscheidung hatte ich eigentlich nichts mitzureden, denn er war ja alleiniger Eigentümer des Hauses. Trotzdem wollte ich ihn beraten: »Gewiss, Markus, du kannst das Haus verkaufen. Im Moment ist aber ein denkbar ungünstiger Zeitpunkt. Die Menschen stehen noch unter Schock durch das Hochwasser. Da würdest du das Haus für einen Apfel und ein Ei hergeben müssen, falls sich überhaupt ein Käufer findet. Warte ab, bis sich das Wasser verlaufen hat, auch im übertragenen Sinne. Außerdem spricht man schon davon, dass ein Hochwasserschutz gebaut werden soll. Wenn dieser erst mal existiert, wirst du das Haus zu einem viel höheren Preis verkaufen können.«

Diese Worte veranlassten ihn dazu, zumindest nachzudenken und seine Verkaufsabsicht aufzuschieben. Dennoch, er entwickelte eine richtiggehende Hochwasserphobie. Sobald sich ein Wölkchen am Himmel zeigte, stellte er sich ans Fenster und beobachtete das Wettergeschehen. Wurde er nachts wach, weil Regen gegen das Fenster klatschte, stand er auf, zog sich an und ging hinaus. Mit einer Taschenlampe leuchtete er die Umgebung ums Haus ab, um zu erkunden, ob sich nicht eine verdächtige Wasserwelle nähere.

Wenn wir meinen Vater besuchten, blieb es nicht aus, dass man auch auf das »verflossene« Hochwasser zu sprechen kam und auf Markus' Ängste. Da diese sich selbst nach Wochen noch nicht gelegt hatten, machte Papa einen äußerst vernünftigen Vorschlag: »Warte ab, bis der Hochwasserschutz gebaut ist, dann kannst du dein Haus zu einem anständigen Preis verkaufen. In der Zwischenzeit baust du dir auf meinem Grund ein neues Haus. Hier ist es wirklich sicher vor Hochwasser. Mein Hofgrundstück ist so groß, dass da sogar noch mehrere Häuser Platz hätten.«

Der Gedanke gefiel meinem Mann. Selten habe ich ihn so strahlen gesehen. Er begann sogleich mit dem Planen und suchte schon bald einen Architekten auf. Mir sagte die Idee mit dem Neubau ebenfalls zu, aber aus einem ganz anderen Grund. Wenn wir neben Vaters Haus wohnen würden, könnte ich viel öfter nach ihm sehen und Marlene entlasten. Außerdem könnten meine Kinder ihren geliebten Opa jederzeit besuchen, wenn ihnen der Sinn danach stand. Und meine Arbeitsstelle, die Bank, wäre wieder ein gutes Stück näher.

Anfang 1995 fingen wir mit den Erdarbeiten an, und ein Jahr später war das Haus schon bezugsfertig. Bis dahin waren die Immobilienpreise tatsächlich erheblich gestiegen, sodass wir für unser »altes« Haus einen wirklich anständigen Preis erzielten.

Wenn man ein zweites Mal baut, hat das Vorteile, die nicht zu verachten sind. Man kann die Fehler vermeiden, die man beim ersten Haus gemacht hat.

Ein halbes Jahr danach wurde auf Papas Hofgrundstück ein weiteres Haus errichtet. Unser Vater hatte seinem Sohn den Bauplatz angeboten, weil der daran dachte, in absehbarer Zeit seine Freundin Silke zu heiraten. Mitte 1997 konnte das junge Paar bereits einziehen, und es stand uns wieder eine traditionelle Hochzeit ins Haus. Diesmal ohne Regen. Also konnten wir die Vorfeier mit Brezen und Weißwürsten wie geplant im Hof durchziehen. Andererseits, bei Regenwetter hätten uns gleich drei Häuser für die Hochzeitsgäste zur Verfügung gestanden.

Unser Vater war sehr zufrieden, nun hatte er drei seiner Kinder um sich herum wohnen. Mein Bruder und ich lebten rechts und links vom Vater, in jeweils gebührendem Abstand, versteht sich, während Marlene, noch immer ledig, weiterhin im Vaterhaus wohnte. Nur unsere Jüngste, die Renate, hatte es in die »Ferne« verschlagen. Sie hatte sich in einen netten Bauern aus dem Altmühltal verliebt und war 2001 als seine Ehefrau auf seinen Hof gezogen. Sie kam aber trotz der Entfernung immer wieder mal zu Besuch. Ehe es aber so weit gewesen war, hatte sich bei uns der dritte Nachwuchs angemeldet. Mein Vater freute sich schon, dass er wieder die Rolle des Kindermädchens übernehmen dürfe. Als aber unsere dritte Tochter im Oktober 1998 das Licht der Welt erblickte, lag Papa in Murnau im Krankenhaus. Er hatte zum wiederholten Mal mit Druckgeschwüren an den Beinen und am Gesäß zu kämpfen. Da dies nach einer langwierigen Sache aussah, würde er in absehbarer Zeit wohl nicht nach Hause kommen. Also stand ich ohne Babysitter da. Deshalb kündigte ich meinen Job bei der Bank, machte auf Vollzeit-Hausfrau und kümmerte mich selbst um mein Kind. Seine »großen« Schwestern gingen mir dabei bereitwillig zur Hand. Mit Sarah war unser Dreimäderlhaus komplett und die Familienplanung abgeschlossen.

Papas Beine

Viele Jahre hatte der Vater alles für uns Kinder getan. Nun, da wir erwachsen waren, konnten wir ihm einiges davon zurückgeben, indem wir für ihn da waren. Erfreulicherweise war er nach seinem Unfall immer selbstständiger geworden, auch was die Körperpflege anging. Unmittelbar nach seinem ersten Klinikaufenthalt in Murnau hatte er unser Badezimmer im Erdgeschoss behindertengerecht umbauen lassen. Die Tür wurde verbreitert, das Waschbecken tiefer gesetzt und der Spiegel tiefer gehängt. Zusätzlich zur Dusche ließ er eine Badewanne einbauen, Platz war ja genügend vorhanden. In der Wanne liegend, fühlte er sich sicherer als auf dem Hocker in der Dusche sitzend. Über der Wanne ließ er eine Art Galgen anbringen, wie man sie über Krankenhausbetten vorfindet, damit man sich hochziehen kann. Daher hatte er keine Mühe, in die Wanne hinein- und auch wieder herauszugelangen. Dennoch war es notwendig, dass jemand bei ihm war, wenn er badete. Beim Ablegen der Beinkleider brauchte er Hilfe, und es musste jemand das Badetuch so über dem Rollstuhl ausbreiten, dass er sich nach dem Bade mit

Schwung darauf niederlassen und abtrocknen konnte. Solange wir noch klein waren, hatte Opa Hans diese Aufgabe inne. Nachdem dieser selbst pflegebedürftig geworden war, half mein Bruder ihm beim Duschen und hat dann auch die Assistenz beim Baden des Vaters übernommen. Als aber unser Bruder zum Studium nach Karlsruhe gegangen war, wechselten Marlene und ich uns bei der Körperpflege des Vaters ab. Wenn alles griffbereit in der Nähe lag, blieb uns wirklich nicht viel zu tun. Da Papa in der Wanne auch gleich seine Haare wusch, pflegte er sich diese anschließend trocken zu föhnen. Das tat er im Rollstuhl sitzend mit einem Frotteetuch über den Oberschenkeln.

Danach war es ganz wichtig, seine Beine und sein Gesäß sorgfältig abzusuchen, um rechtzeitig eventuelle Druckstellen zu entdecken, bevor sie zu Druckgeschwüren ausarteten. Zur Vorbeugung gegen solche war es auch unerlässlich, die gefährdeten Stellen mit Franzbranntwein einzureiben. Trotz aller Vorsichtsmaßnahmen, trotz aller Pflege kam es doch immer wieder mal vor, dass Papa an den Füßen, an den Beinen oder am Po entzündete Stellen bekam. Dann musste er für einige Wochen ins Krankenhaus. Oft genügte eine Behandlung in unserem Kreiskrankenhaus.

Eines Abends, es war im Frühjahr 2008, nahm ich, nachdem der Vater sein Haar geföhnt hatte, das Handtuch von den Schenkeln, um mit der Suche nach Druckstellen zu beginnen und die gefährdeten Hautstellen anschließend einzureiben. Da entdeckte ich etwas Auffälliges auf dem linken Oberschenkel. An dieser Stelle konnte sich unmöglich ein Druckgeschwür gebildet haben. Es sah auch nicht aus wie eines, sondern eher wie eine Brandblase. »Ja, Papa, was hast du denn da gemacht?«, fragte ich überrascht.

Er sah sich die Bescherung an. »Ach du Schreck!«, rief er aus. »Das kommt vom Föhn.«

»Wie das?«, wollte ich wissen.

»Zwischendurch hatte ich ihn aufs Handtuch gelegt, ohne ihn vorher auszuschalten«, war seine Erklärung.

Einem Menschen mit gesunden Beinen wäre das natürlich nicht passiert. Der hätte die Hitze gespürt, bevor ihm die Haut verbrannt wäre. O, armer Papa! Mit Brandsalbe und Brandpuder konnte ich das Malheur innerhalb einiger Wochen beheben.

Die nächste Geschichte, die mit seinen Beinen passierte, ging wesentlich weniger glimpflich aus. Sie begann an einem Sonntag im Januar 2010. Der Vater war, wie schon so oft, wenn

Marlene nicht daheim weilte, zu uns zum Mittagessen herübergekommen. Er, der sonst einen guten Appetit an den Tag legte, stocherte lustlos in seinem Essen herum und ließ das meiste davon liegen. Irgendwie wirkte er auch fahrig, so, als sei er geistig abwesend. Besorgt erkundigte ich mich: »Papa, ich weiß nicht, du scheinst heute nicht ganz auf dem Damm zu sein. Fehlt dir was?«

»Nein, nein, nichts, nichts. Ich bin ganz in Ordnung. Ich bin nur etwas müde und werde mich gleich ein bisschen hinlegen.«

Ohne mir weitere Gedanken zu machen, ließ ich ihn nach dem Essen allein nach Hause rollen und räumte seelenruhig meine Spülmaschine ein. Wenig später fiel Lea, unserer Ältesten, ein: »Ich muss noch hinüber in Opas Haus, ich habe dort meine Noten liegen lassen.« Sie spielte nämlich ganz hübsch Gitarre und machte damit manchmal ihrem Großvater eine Freude.

Wie sich bald herausstellen sollte, war dieser zufällige Besuch seiner Enkelin für ihn ein Riesenglück, aber auch für uns. Als das Mädchen den Hausgang betrat, wäre es fast über den Opa gestolpert. Sie sah den umgestürzten Rollstuhl und fand den Opa daneben auf dem Boden liegend vor. Da sie selbst nicht die Kraft besaß, den schweren Mann aufzuheben, rief sie bei ihrem Onkel Gregor an, also meinem Bruder, der ja im Nachbarhaus wohnte. Aufgeregt schilderte sie ihm die Situation. Gregor ließ alles liegen und stehen und stürzte hinüber. Da sein Vater nicht ansprechbar war, hängte er sich sofort ans Telefon und benachrichtigte die Hausärztin. Diese war zum Glück daheim und kam binnen weniger Minuten ins Haus unseres Vaters. Ein kurzer Blick auf ihn genügte ihr schon. Um sicherzugehen, maß sie auch noch seinen Blutdruck und fühlte seinen Puls.

»Leider kann ich nichts für ihn tun. Er muss schnellstens nach Murnau.«

Schon wählte sie die Nummer der Rettungsleitstelle und orderte einen Hubschrauber mit Notarzt. Wenig später landete dieser auf unserem Hof. Der Arzt, mein Mann und mein Bruder schafften den Bewusstlosen mit vereinten Kräften in den Helikopter. Unterwegs überwachte der Mediziner ständig die Lebensfunktionen des Patienten. In Murnau brachte man ihn umgehend auf die Intensivstation und schloss ihn an allerlei Schläuche und Messapparate an.

Mein Mann und ich hatten uns, kaum dass der Hubschrauber in der Luft war, per Auto auf den

Weg nach Murnau gemacht. Dort erklärte man uns, der Vater habe eine Sepsis, landläufig als Blutvergiftung bezeichnet. Diese sei lebensbedrohlich.

»Wie kommt denn mein Vater an so etwas?«, wollte ich von dem Arzt wissen, den ich schon von Vaters vorherigen Klinikaufenthalten her kannte.

»Sie wissen ja selbst, dass er immer wieder offene Beine hat, weil diese schlecht durchblutet sind.« Dann erklärte er uns, dass an einer entzündeten Zehe offensichtlich ein Virus – oder waren es Bakterien? – eingedrungen und in die Blutbahn gewandert sei. »Wir tun für Ihren Vater, was wir können. Aber ich kann Ihnen keine Garantie geben, dass er überlebt«, schloss er seinen Bericht.

Ziemlich niedergeschlagen fuhren Markus und ich wieder nach Hause. Drei Tage später erreichte mich ein Anruf aus Murnau: »Ihr Vater liegt noch immer im Koma. Daher kann er nichts entscheiden. Die Zeit drängt aber, deshalb müssen Sie für ihn eine Entscheidung treffen.«

Nichts Gutes ahnend, fragte ich ängstlich: »Was für eine Entscheidung?«

»Wir brauchen Ihre Unterschrift.«

»Wozu?«

»Das rechte Bein Ihres Vaters ist nicht mehr zu retten. Wir müssen es abnehmen.«

»Aber das können Sie doch nicht machen«, widersprach ich vehement. »Er hat immer wieder betont: ›Wegschneiden lasse ich mir nichts.‹«

»Einen solchen Wunsch respektieren wir normalerweise auch. Doch in seiner Situation bleibt uns keine Wahl. Wenn wir jetzt nicht amputieren, wird er innerhalb weniger Tage sterben.«

Es ging also tatsächlich um Leben und Tod. Dennoch, eine solch schwerwiegende Entscheidung wollte ich nicht allein treffen. »Das muss ich erst mit meinen Geschwistern besprechen. Morgen werde ich mich bei Ihnen melden.«

»In Ordnung. Aber lassen Sie sich nicht zu viel Zeit.«

Noch am selben Abend saßen meine Geschwister und ich bei uns in der Stube um den Tisch versammelt. Alle machten betroffene Mienen, es herrschte eine gedrückte Stimmung. Doch bald erhob sich eine lebhafte Diskussion. Die einen waren für Amputation, die anderen waren dagegen. Letztlich sahen aber alle ein, dass es zu Vaters Bestem sei, wenn wir uns für die Operation entschieden. Einstimmig beauftragten sie mich, nach Murnau zu fahren, um das entscheidende Schriftstück zu unterzeichnen.

In Murnau wurde ich gleich zum Chefarzt vorgelassen, der das Formblatt bereits vorbereitet hatte. Er klärte mich noch einmal darüber auf, dass diese Operation die einzige Überlebenschance für unseren Vater darstellte. Bevor ich unterschrieb, wollte ich noch wissen: »Ab welcher Stelle werden Sie ihm das Bein abnehmen?«

»Ab Mitte des Oberschenkels.«

»Ach, Gott, so weit oben?«, jammerte ich. »Er hat doch nur einen entzündeten Zeh. Da müsste es doch reichen, wenn man den abnimmt.«

»Das reicht leider nicht. Das Bein ist schon bis ziemlich weit oben abgestorben. Ein Team von Fachärzten hat Ihren Vater gewissenhaft untersucht und ist einhellig der Meinung, wenn wir sein Leben retten wollen, müssen wir den Schnitt so weit oben ansetzen.«

Dann versicherte mir der Mediziner noch, dass es für den Vater völlig unerheblich sei, ab welcher Stelle das Bein fehle, da er es ja doch schon seit vielen Jahren nicht mehr nutzen könne.

Nachdem ich das verinnerlicht hatte, seufzte ich: »Nun denn, in Gottes Namen«, und unterschrieb mit zitternden Fingern und einem unguten Gefühl im Bauch das schwerwiegende Dokument. Dabei jagten mir folgende Gedanken durch den Kopf: Treffe ich für Papa wirklich die richtige Entscheidung? Wie wird er reagieren, wenn er aufwacht und merkt, dass ihm ein Bein fehlt?

Am Tag darauf, es war Ende Januar 2010, rief man mich von der Klinik aus an und berichtete mir, die Operation sei erfolgreich verlaufen, mein Vater liege aber noch immer im Koma. Mir wurde versprochen, dass ich sofort angerufen würde, wenn er aufwachte. Wenige Tage später erfolgte dieser Anruf. Papa hatte genau vierzehn Tage im Koma gelegen. Unverzüglich machte ich mich auf den Weg nach Murnau, bangen Herzens. Wusste er bereits, dass ihm ein Bein fehlt? Wie hatte er das aufgenommen? Würde er mich mit Vorwürfen überhäufen, weil letztlich ich diejenige war, die diese Entscheidung getroffen hatte?

Um mich auf das anstehende Gespräch mit meinem Vater vorzubereiten, suchte ich zunächst den Chefarzt auf. Von ihm wollte ich vor allem wissen, wie Papas erste Reaktion gewesen war, als er von dem Verlust des Beines erfahren hatte. Darauf würde ich dann meine »Verteidigungsstrategie« aufbauen können. Freundlich lächelnd empfing mich der Chef. »Wir haben es geschafft. Er scheint über den Berg.«

»Sie sagen, er ›scheint‹. Demnach ist es noch nicht sicher?«

»Sagen wir mal so: Die Operation hat er gut überstanden, aber sein Allgemeinzustand ist noch sehr schlecht und sein Kreislauf noch nicht stabil.«

»Vielen Dank für Ihre Auskunft und für Ihre Mühe«, antwortete ich. »Nun interessiert mich noch, wie er es aufgenommen hat, als er den Verlust des Beines entdeckte?«

»Er selber ist noch zu schwach, um das zu bemerken, und von uns aus wagen wir noch nicht, es ihm zu offenbaren. Zum jetzigen Zeitpunkt sollte man jede Aufregung von ihm fernhalten. Sie könnte einen Kollaps auslösen. Bis wir ihm die Wahrheit mitteilen, sollten wir warten, bis sich sein Allgemeinbefinden gebessert hat.«

»Das sehe ich auch so. Wie ich ihn kenne, würde ihn diese Mitteilung sehr aufregen. Jedenfalls nochmals herzlichen Dank für Ihr Feingefühl.«

Heute hatte ich also noch nichts zu befürchten und so konnte ich ihn unbefangen besuchen. Auf dem Weg zur Intensivstation setzte ich eine betont fröhliche Miene auf, um Optimismus auszustrahlen. Doch dieser verging mir schlagartig, als ich sein Zimmer betrat. Als man mir am Telefon mitgeteilt hatte, mein Vater sei aus dem Koma aufgewacht, hatte ich erwartet, einen frisch-fröhlichen Patienten in seinem Bett anzutreffen. Doch ich bekam einen Schreck, als ich die vielen Schläuche und Kabel erblickte, mit denen er an Apparate und Kästen angeschlossen war, die leise Geräusche verursachten und etwas aufzeichneten. Papa selbst lag bleich und apathisch in seinen Kissen, mit geschlossenen Augen. Als er die Bewegung im Raum wahrnahm, hob er ein wenig die Augenlider. Die leichte Regung, die sich daraufhin in seinem Gesicht abspielte, konnte man mit viel Fantasie als Lächeln interpretieren. Ich setzte mich zu ihm und nahm seine Hand. Er drückte die meine sehr schwach. »Gut, dass du kommst«, hauchte er kaum wahrnehmbar. »Ich habe keine Ahnung, was passiert ist und wie ich hierhergekommen bin. Die sagen mir ja nichts.«

Man hatte ihm tatsächlich keinerlei Auskunft gegeben. Nun lag es an mir, das nachzuholen. Darüber war ich heilfroh, so hatte ich wenigstens ein unverfängliches Thema, über das ich ausgiebig reden konnte. In aller Ausführlichkeit schilderte ich, wie ihn Lea bewusstlos am Boden gefunden hatte, dass er per Hubschrauber nach Murnau gebracht worden sei und dass man bei ihm eine Blutvergiftung festgestellt habe.

»So ein Pech aber auch«, war sein Kommentar, »dass ich im Hubschrauber bewusstlos gewesen bin. So habe ich den Flug gar nicht genießen können.« Seinen Humor hatte er also behalten. Vor Rührung liefen mir ein paar Tränen über die Wangen, während ich mit Galgenhumor antwortete: »Vielleicht hast du ja beim nächsten Mal mehr Glück und bist bei Bewusstsein, wenn du wieder einen Hubschrauberausflug machst.« Gleichzeitig lächelte ich gequält, noch immer nicht frei von der Angst, er könne inzwischen den Verlust seines Beines bemerkt haben und werde darauf zu sprechen kommen.

Der Vater musste wirklich sehr schlapp und elend sein, denn ihm, der bisher stets so gut in meinem Gesicht zu lesen verstand, fiel nicht auf, wie viel Angst und Sorge sich hinter meiner heiteren Maske verbarg. Während meines Besuches schlief er auch immer wieder ein. Das nahm ich zum Anlass, mich schon nach kurzer Zeit zu verabschieden: »Papa, du wirkst so mitgenommen. Jetzt gilt es für dich, neue Kräfte zu sammeln. Deshalb werde ich erst in einer Woche wiederkommen. Dann geht es dir gewiss schon wesentlich besser.«

»Ist schon recht Kind«, und schon dämmerte er wieder weg.

Wieder im Freien, atmete ich mehrmals tief durch, ehe ich mich ins Auto setzte. Für dieses Mal war ich dem peinlichen Gespräch ausgekommen. Mir stand aber noch ein nächstes Mal bevor. Ziemlich angeschlagen kam ich zu Hause an, denn das Schauspielern liegt mir überhaupt nicht. Mein Mann war es, der mich wieder aufbaute, sodass ich nach einer Woche genügend Kraft verspürte, um einen weiteren Besuch beim Vater zu machen. Er lag immer noch auf der Intensivstation, hatte aber wieder etwas Farbe im Gesicht und schlief auch nicht mehr ganz so oft ein. Zu meiner Erleichterung fing er nicht von seinem Bein an. Deshalb sprudelte es nur so aus mir heraus, und ich erzählte ihm alles, was ihn interessieren könnte. Vor allem sprach ich über seine Enkel, von denen es schon eine ganze Reihe gab. Wie ich bereits erzählte, habe ich drei Kinder, von denen damals zwei schon eigene Wege gingen, während sich unser Nesthäkchen anschickte, ein flotter Teenager zu werden. Mein Bruder hatte es ebenfalls auf drei Kinder gebracht, über die es immer wieder Lustiges zu berichten gab. Auch Renate, unsere jüngste Schwester, blickte inzwischen auf eine muntere dreiköpfige Kinderschar. Da sie im Altmühltal wohnte, hielt sie mich über diese telefonisch auf dem Laufenden.

Auch wenn ich mal eine Gesprächspause einlegte, um Luft schnappen zu können, schnitt der Vater das Thema mit dem fehlenden Bein nicht an. Demnach schien er es nach wie vor nicht bemerkt zu haben, beziehungsweise man hatte ihm noch nichts gesagt, weil man seinen Gesundheitszustand offensichtlich weiterhin für kritisch hielt. So sehr ich über seine Unwissenheit erleichtert war, so sehr belastete es mich, dass ich das Gespräch noch vor mir hatte. Ich wäre froh gewesen, wenn ich es endlich hätte abhaken können, war aber auch zu feige, um selbst damit zu beginnen.

Wieder fuhr ich ziemlich deprimiert nach Hause. Diesmal war es Markus nicht allein, der mich wieder aufbaute, sondern unsere Kinder halfen kräftig dabei mit. Dennoch fuhr ich nach einer weiteren Woche wieder mit Bauchweh nach Murnau. Was würde mich erwarten? Bei meinen ersten Besuchen hatte ich mir keine Begleitperson mitgenommen, weil mein Vater noch immer auf der Intensivstation lag. Dort sieht man nicht gerne viel Besuch, weil der zu große Unruhe hineinbringt. Noch immer hing der Papa an Apparaten, aber er sah wieder etwas besser aus als bei meinem letzten Besuch. Nach der Begrüßung platzte er plötzlich heraus: »Du, Vroni, mir fehlt ein Bein.«

Statt zuzugeben, dass ich das wusste, stellte ich die Frage: »Wann und wie hast du das denn gemerkt?«

»Es war gestern, da hat sich die Schwester verdächtig lange an meinen Beinen zu schaffen gemacht. Was das soll, hatte ich mich aber nicht getraut zu fragen. Doch als sie weg war, streckte ich meine Hand nach unten, um zu erkunden, was da los sei. Zunächst erfühlte ich einen dicken Verband. Dann erkannte ich, dass darunter nur noch ein Stumpf war. Du kannst dir vorstellen, dass ich darüber sehr erschrocken war.«

Während ich fieberhaft überlegte, wie ich auf diese »Neuigkeit« reagieren sollte, sagte er ohne Umschweife: »Vroni, gib zu, du hast es gewusst.«

Was sollte ich nun dazu sagen? In der Eile fiel mir nichts anderes ein, als zu fragen: »Wie kommst du denn darauf?«

»Nachdem ich festgestellt hatte, dass mir ein Hax fehlt, läutete ich Sturm und bat die Schwester, mir den verantwortlichen Arzt herzuschicken.«

»Und der kam dann auch?«, fragte ich mit angehaltenem Atem.

»Freilich kam der. Ich bin ja einer seiner besten Kunden. Ohne drum herumzureden, fragte ich ihn direkt heraus, wie er dazu gekommen sei, mir einfach ein Bein abzunehmen. Dazu erklärte er mir, dies sei die einzige Chance gewesen, mir das Leben zu retten. Ich hielt ihm vor, das sei nicht rechtens gewesen, mir einfach ohne Einverständnis einen Hax abzusäbeln. ›Mein lieber Gregor‹, säuselte er – mich als Stammkunden duzt er mittlerweile –, ›du lagst im Koma. Wir konnten nicht warten, bis du daraus aufgewacht wärst. Du wärst uns sonst vorher weggestorben.‹

Nun erklärte ich ihm, dass es trotz allem ein Rechtsbruch gewesen war, weil er diesen Eingriff ohne Einwilligung vorgenommen habe. Nachsichtig lächelnd erwiderte er: ›Mach dir deswegen keine Sorgen. Wir besitzen eine Einverständniserklärung.‹

›Von wem, bittschön?‹, platzte ich heraus.

›Von deinen Kindern‹, antwortete er und wirkte keineswegs verunsichert.

›Von meinen Kindern?‹, fragte ich fassungslos. Nun erklärte er mir, dass in einem Fall, wo es um Leben und Tod geht, die nächsten Angehörigen über einen solchen Eingriff entscheiden können. Und da ich keine Ehefrau mehr habe, sei meinen Kindern diese Aufgabe zugefallen.«

Der Vater verstummte, und auch ich wusste lange Zeit nicht, was ich dazu sagen sollte.

Nun war es jedenfalls heraus. Über sein fehlendes Bein würde er sich gewiss bald beruhigen. Das war aber eine Fehleinschätzung von mir. Mit strenger Miene hielt er mir vor: »Hatte ich euch nicht oft genug erklärt, dass niemand an mir rumschnippeln soll? Wie konntet ihr meinen Wunsch so missachten und eure Einwilligung geben, dass ich verstümmelt werde?«

»Aber Papa, so einen Vorwurf hätte ich jetzt nicht von dir erwartet«, hielt ich dagegen. »Ich hätte eher damit gerechnet, dass du uns dankbar bist, weil wir dein Leben gerettet haben.«

»Wieso erlaubt ihr es euch, über Leben und Tod zu entscheiden? Hättest du nicht diesen Wisch unterschrieben, wäre ich jetzt schon beim lieben Gott im Himmel. Dann hätte mein elendes Leben endlich ein Ende, und ihr wärt alle Mühen und Plagen mit mir los.«

Bevor ich darauf antwortete, überlegte ich mir jedes Wort genau. Jetzt half mir nur noch, zu frommen Sprüchen Zuflucht zu nehmen, wenn ich an meinen Vater herankommen wollte. »Zunächst möchte ich dir versichern, dass wir dich alle lieben. Aus diesem Grund versuchen wir, dich uns so lange wie möglich zu erhalten. Daher ist uns keine Mühe zu viel. Außerdem gehe ich davon aus, dass der liebe

Gott dich noch nicht haben will. Er meint, du hättest deine Aufgaben auf dieser Erde noch nicht ganz erfüllt ...«

»Ach, woher willst du das wissen?«, fiel er mir ins Wort.

»Dafür gibt es einige Belege. Damals, als du im Hopfengarten deinem Leben ein Ende setzen wolltest, hat er den Draht reißen lassen. Allein das ist ein eindeutiger Beweis für Gottes Wille gewesen, dass du deine Kinder selbst aufziehen solltest.«

Da er bei diesen Worten ein nachdenkliches Gesicht machte, fuhr ich in meiner Moralpredigt fort: »Damals in Leningrad hat dir der Professor die Operation verweigert, weil er befürchtete, du würdest sie nicht überleben. Das war von Gott ebenfalls wieder weise eingerichtet. Er wollte, dass du auch beim Aufziehen deiner Enkel behilflich bist.«

Nun lachte mein Vater zum ersten Mal, seit ich bei ihm am Krankenbett weilte.

»Und meinst du, du schlaues Dirndl, Gott hat mich nun am Leben gelassen, damit ich auch noch meine Urenkel aufziehe?«

Endlich konnte auch ich befreit auflachen: »Wer weiß? Vielleicht hat er genau das vor. Vielleicht hält er aber auch noch andere Aufgaben für dich bereit. Woher sollen wir das wissen, wir mit unserem kleinen Verstand? Gottes Wege sind unergründlich.«

So hätte ich noch eine Weile weiter mit Papa philosophieren können. Da es für ihn aber zu anstrengend würde, wenn ich meinen Besuch noch länger ausdehnte, und es für mich auch an der Zeit war, heimzufahren, hielt ich es noch für angebracht, ihm klarzumachen, dass es für ihn doch unerheblich sei, ob er mit einem oder mit zwei Beinen im Rollstuhl sitze, weil er ja doch nicht laufen könne. Und dass wir ihn mit einem Hax genauso liebten wie mit zweien. Das sah er schließlich ein.

Zum Schluss versuchte ich noch, ihn durch eine flapsige Bemerkung aufzumuntern: »Schau mal, Papa, du musst das auch mal von der praktischen Seite sehen. In Zukunft habe ich mit dir viel weniger Arbeit, weil ich nur noch ein Bein pflegen muss.« Darüber musste er wirklich laut lachen.

Während der Heimfahrt hatte ich ständig Vaters lachendes Gesicht vor Augen.

»Was ist denn mit dir los?«, wunderte sich mein Mann, als ich ihm zur Begrüßung lachend um den Hals fiel. »So kenne ich dich ja seit Wochen nicht mehr.«

»Er hat's geschluckt! Er hat's verkraftet!«

»Was hat wer geschluckt? Was hat wer verkraftet?«, fragte mein Mann leicht irritiert.

»Nun, mein Vater, wer denn sonst? Er ist uns nicht mehr böse wegen unserer eigenmächtigen Entscheidung.«

Nun konnte Markus meinen Gefühlsausbruch verstehen. Und ich musste ihm alle Einzelheiten von meinem Besuchsnachmittag schildern.

Insgesamt verbrachte mein Vater sechs Wochen auf der Intensivstation, ehe man es wagte, ihn auf eine normale Station zu verlegen. Nun konnten auch andere Familienmitglieder, also Geschwister, Kinder und Enkel an sein Krankenbett, worüber er sich sehr freute.

Während man noch an der Wunde des Stumpfes herumdokterte, beobachteten die Ärzte mit großer Sorge sein anderes Bein. Es drohte ebenfalls abzusterben. Von den Zehen her wurde es immer dunkler. Da Vater an Bewegungsmangel litt, wurde die Durchblutung stetig schlechter. Als der Chefarzt meinem Vater andeutete, dass auch das zweite Bein amputiert werden müsste, fragte Papa vorwurfsvoll: »Was fällt euch ein? Ich lasse nicht noch mal an mir rumschneiden. Meint ihr, ich hätte Lust, hier noch lange herumzuliegen? Seht zu, dass ihr den Stumpf in Ordnung bringt, dann will ich heim.«

»Deine Ungeduld kann ich verstehen, Gregor«, antwortete der Mediziner in ruhigem Ton. »Aber zu deiner Beruhigung: Noch mal mache ich bei dir keinen Eingriff ohne deine Einwilligung. Du hast nun die Wahl: heim oder Bein.«

»Was heißt das?«

»Wenn du jetzt heimgehst, bist du in drei Wochen wieder hier oder du liegst schon unter der Erde.«

»Steht es wirklich so schlimm um mich?«, fragte der Vater kleinlaut.

»Darauf kannst du dich verlassen. Du hast drei Tage Zeit zum Überlegen.«

So lange überlegte Papa gar nicht. Er rief mich umgehend an, schilderte mir sein Gespräch mit dem Chefarzt und bat um meine Meinung.

»Da gibt es nichts zu überlegen, Papa. Du musst unters Messer. Ob du nun mit einem oder ohne Bein im Rollstuhl sitzt, was macht das für einen Unterschied?«

Ende April 2010 wurde tatsächlich das zweite Bein abgenommen, ebenfalls ab Oberschenkelmitte. Danach verbrachte mein Vater noch anderthalb Jahre in Murnau. Zum einen blieb er, weil die Wunden ausgesprochen schlecht heilten, zum anderen, weil durch Massagen und Gymnastik seine Muskeln im ganzen Körper wieder aufgebaut werden mussten. Durch das lange Liegen waren sie ziemlich verkümmert. Auch musste er lernen, sich in den Rollstuhl zu schwingen und wieder hinaus. Und auch das Fahren musste neu trainiert werden.

Wie war unser Vater selig, als er endlich wieder zu Hause sein durfte. Nachdem er die ganze Kinder- und Enkelschar, die extra zu seiner Heimkehr aufmarschiert waren, begrüßt hatte, führte sein erster Gang, Verzeihung, seine erste Fahrt, in sein »Museum«. Es war alles noch da und es waren sogar noch Stücke dazugekommen. Das entdeckte er sogleich.

Kurz vor seiner zweiten Amputation hatte ich salopp behauptet, es mache keinen Unterschied, ob er mit oder ohne Beine im Rollstuhl sitze. Das war sehr blauäugig von mir gewesen. Als er wieder zu Hause war, musste ich meine Meinung revidieren. Es machte sehr wohl einen Unterschied. Nun befand sich der Schwerpunkt an ganz anderer Stelle. Da Papa den Dreh nicht so schnell raus hatte, kam es vor, dass er mit seinem Gefährt umkippte. Nachdem ihm das zum dritten Mal passiert war, stellte Sarah, unsere Jüngste, mittlerweile dreizehn Jahre alt, lakonisch fest: »Opa, es ist nötig, dass du für den Rollstuhl einen neuen Führerschein machst.«

Das tat er zwar nicht, aber er lernte innerhalb kurzer Zeit, mit den veränderten Gewichtsverhältnissen sein Gefährt sicher zu steuern.

Nachlese

Mittlerweile schreiben wir das Jahr 2019, und ich bin vor einigen Monaten Großmutter geworden. Lea, unsere älteste Tochter, und ihr Ehemann Stefan sind stolze Eltern einer kleinen Sophie geworden. Zwei Monate nach Sophies Geburt fand die feierliche Taufe in unserer Pfarrkirche statt. Natürlich waren alle dabei, unsere Kinder mit ihren Partnern, meine Geschwister mit ihren Familien, die Geschwister meines Vaters und meiner Mutter und vor allem Gregor, der stolze Uropa.

Anschließend wurde dieses Ereignis bei uns im Haus gebührend gefeiert und auf zahlreichen Fotos festgehalten. Heutzutage mit den Smartphones ist das ja kein Problem. Was mich von allen Fotos am meisten beeindruckt, ist das Familienfoto. Da sieht man den Uropa im Vordergrund sitzen, mit seinem ersten Urenkelkind auf den Armen, und rings herum gruppieren sich seine Kinder, Schwiegerkinder und Enkel, zum Teil auch schon mit Partner.

Am Abend, als sich alle Gäste wieder verlaufen hatten, saß ich noch mit dem Vater am Stubentisch bei einem Gläschen Wein. Dies schien der rechte Augenblick, eine Nachlese zu halten.

»Dass ich das noch erleben durfte, ein Urenkelkind im Arm zu halten«, eröffnete er das Gespräch. »Das ist schon ein besonderes Glück.«

»Ja«, antwortete ich sinnend. »Jetzt bist' gewiss froh, dass wir vor neun Jahren durch unsere eigenmächtige Entscheidung verhindert haben, dass du vorzeitig in den Himmel gekommen bist?«

»Freilich, Vroni, ihr habt alles richtig gemacht, vor allem du. An dir, als der Ältesten, hat doch immer viel Verantwortung gehangen. Wie viel ist auf deine jungen Schultern gepackt worden! Wenn ich so zurückschaue, weiß ich nicht, ob ich immer alles richtig gemacht habe.«

Damit er nicht in trübsinniges Grübeln verfiel, beeilte ich mich, zu betonen: »Aber Papa, sag doch so was nicht. Nach deinen Möglichkeiten hast du das Beste gegeben, was du konntest.«

»Nein, ich meine vorher. Dass ich den Weiherhof gekauft habe, das war ein großer Fehler von mir.«

»So darfst du das nicht sehen, Papa. Du hattest doch keine andere Möglichkeit. Wie sonst hättest du deiner Familie ein Heim schaffen können? Es hat sich doch alles wunderbar gefügt. Trotz deiner schweren Behinderung hast du alle deine Kinder zu lebenstüchtigen Menschen erzogen. Auch deine neun Enkel sind, soweit sich das bis jetzt abschätzen lässt, alle wohlgeraten. Und nun kannst du schon voller Stolz auf eine Urenkelin schauen.«

»Gewiss, gewiss, ich bin ja auch zufrieden, nein, besser gesagt, ich bin sogar glücklich. Heute bin ich sehr froh und dem Herrgott unendlich dankbar, dass er mich bei drei Gelegenheiten, als ich ziemlich verzweifelt war, noch nicht hat haben wollen. Sonst hätte ich all das Schöne, das danach kam, nicht mehr erlebt. Nur dass ich damals, als ich dringend eine Bleibe für meine Familie gesucht habe, auf die bösartige Kathi hereingefallen bin, das kann ich mir nicht verzeihen.«

»Aber Papa, sei nicht so streng mit dir. Das haben wir doch schon vor Jahren miteinander besprochen, du hattest keine andere Wahl«, versuchte ich ihn, von seiner Selbstanklage wegzubringen. Doch unbeirrt fuhr er fort: »Vielleicht hätte ich ein bisschen mehr Geduld aufbringen müssen. Vielleicht hätte ich doch noch etwas Besseres gefunden.«

»Nein, Papa, es sollte so sein, dass du ausgerechnet den Weiherhof erwirbst. Dadurch hast du uns doch ein wunderbares Heim geschaffen. Schau mal, das Grundstück ist so groß, dass drei

Häuser bequem darauf Platz haben, sodass die meisten von uns in deiner Nähe wohnen können. Wir haben einen so engen Zusammenhalt, wie man ihn nur selten unter Geschwistern findet. Wahrscheinlich sind wir dadurch so zusammengewachsen, weil wir uns immer gemeinsam um dich kümmern mussten.«

»Ja, ja, ist ja alles gut und schön, Vroni. Ich verstehe, dass du mich trösten willst. Aber dass die Kathi so bös ist, das hätt's nicht gebraucht.«

»Doch, Vater, genau das hat's gebraucht. Wäre sie nicht so bös gewesen, hättest du das Anwesen nie bekommen. Dann hätte es dir ein anderer vor der Nase weggeschnappt.«

»Ja, Dirndl, da hast auch wieder recht. So habe ich das nie gesehen.«

»Und schau mal, Papa, die Kathi hatte auch ihre guten Seiten. In dem Moment, als die Not am größten war, hat sie diese herausgekehrt. Sie hat uns Halbwaisen vorbildlich betreut. Vor allem in den Wochen und Monaten, als du in Murnau oder in Leningrad warst, war sie voll und ganz für uns da. Wir müssen ihr also von ganzem Herzen dankbar sein.« Wir hatten noch einen Rest Wein in unseren Gläsern, mit diesem stießen wir auf Kathi an, die ehemalige Bäuerin des Weiherhofes.

Indem ich diese Geschichte erzählt habe, wollte ich nicht nur ein Loblied auf meinen Vater singen, der sein schweres Schicksal so vorbildlich gemeistert hat, ich wollte auch der Kathi ein Denkmal setzen, einer Frau, die in einer Notlage wahre Größe gezeigt hat, damit sie nicht als »Das böse Weib vom Weiherhof« in die Annalen unseres Dorfes eingeht.